m

55

32407

LA SCIENCE
DES IVGES

CRIMINELS , TEMPORELS
ET ECCLESIASTIQVES.

OV
LES DECISIONS DES PLVS
difficilles & importantes queſtions
en matiere criminelle.

FONDEES SVR LE DROIT
Ciuil, & Canonique, Edits, Ordonnances
Royaux, opinion des Docteurs & Arreſts
des Cours Souueraines.

Par Mr Mc BERTRAND COMPAIGNE, Conſeiller,&
premier Aduocat du Roy en la Seneſchauſſée des
Lannes & Siege Preſidial d'Acqs.

A LYON,
Chez CLAVDE LA RIVIERE, ruë Merciere, à la
Science.

M. DC. LVI.
Auec permiſſion & Approbation.

A MONSEIGNEVR,

MESSIRE ARNAVD

DE PONTAC,

CHEVALIER, CONSEILLER du Roy en ſes Conſeils d'Eſtat & Priué, premier Preſident en ſon Parlement de Bourdeaux.

MONSEIGNEVR,

Ie prends la liberté de vous offrir ce petit ouurage éclos, en faueur de ceux qui ſe meſlent des matieres Criminelles. I'eſpere,

MONSEIGNEVR, que le
Zele que vous auez pour la Iustice de laquelle vous tenez la balan-
ce en main, à la teste de l'auguste
& celebre Parlement de la Prouince de Guyenne, & le gracieux
accueil que vous faites à ceux qui
font quelque effort pour le public,
vous le rendront aggreable, que
vous le receurez comme vn hom-
mage deu à vostre supreme Dignité au rang que vous tenez en
l'Empire des Lettres, à l'autorité
que vous vous estes acquise sur les
sentimens des plus Sçauans, & à
ses esclatantes lumieres du Droit;
dont vous estes l'Illustre ornement,
quoy qu'il n'ayt pas la politesse de
l'eloquence du temps, & les graces

ces que doiuent auoir les Efcrits,
qui ofent paroiftre deuant vous.
Ie ne crains pas, MONSEI-
GNEVR, la cenfure des Criti-
ques, s'il vous plaif luy departir
l'honneur de voftre protection, qui
les rendra criminels, s'ils font fi
temeraires d'ataquer ce que vous
honorez de voftre protection. Ie
fçay bien que ie vous prefente vne
Lecture indigne de voftre eftimé,
& que ie fairois mieux de donner
au public l'hiftoire de voftre vie,
de publier vos merites, & figna-
lez feruices, que vous auez rendu
à l'Eftat, & à cette Prouince; laquelle aduoüe qu'elle vous eft re-
deuable de fon Salut, que vos re-
monftrances ont defarmé fa

A 3

Majesté iustement irritée contre
les Rebelles, & obtenu de sa Bon-
té le bon-heur du restablissement de
la Iustice en la Capitale ; de laquelle les Factieux l'auoient hon-
teusement chassée. Mais se sont
des actions si belles & si au dessus
des Eloges, que ie ne puis les tou-
cher, sans leur faire perdre quelque
chose de leur esclat ; ma foiblesse me
seruira d'excuse, aggrées, MON-
SEIGNEVR, qu'apres auoir
admiré ce que ie ne puis compren-
dre, & que vous auez fait pour le
seruice du Roy, pour le bien de la
Iustice, & tranquillité des peuples.
Ie vous supplie tres-humblement
receuoir cét œuure, & suppléer à
ces defauts, & manquemens par le

Zelle

Zelle de son Auteur, qui n'aura iamais plus de gloire que vous témoigner qu'il est par deuoir & soussmission parfaite.

MONSEIGNEVR,

Vostre tres-humble & tres-obeïssant seruiteur
COMPAIGNE.

D'Acqs ce 4. Ianuier
1650.

A 4

CONSENTEMENT.

IE n'empefche l'impreffe du liure intitulé la Science des Iuges Criminels, Temporels, & Ecclefiaftiques, ou les Decifions des plus difficiles, & importantes queftions en matiere Criminelle, par CLAVDE LA RIVIERE Marchand Libraire à Lyon, auec les deffences en tel cas requifes. A Lyon ce 20. Mars 1656.

BOVLLIOVD-MERMET.

PERMISSION.

SOit fait fuiuant les conclufions du Procureur du Roy. Fait les an & iour que deffus.

SEVE.

QVESTION PREMIERE.

*Si le Iuge en la Iurisdiction du-
quel le crime est commis, est seul
competant pour en connoistre.*

SANS nous arrester à l'opinion de ceux qui estiment que le Iuge domicilier de l'accusé doit connoistre du cas à luy mis sus, selon la maxime *Actor debet sequi forum rei*, nous tenons que le Iuge en la Iurisdiction duquel le delit est perpetré & seul competant. Cette resolution ne souffre difficulté, veu les Ordonnances de Charles 9. de l'an 1563. de Molins art. 35. conformés à la disposition du Droit & opi-

A 5

nion des Docteurs l. 7. §. *Idem Impé-*
rator, ff. de accuf. auth. qua in Prouincia
cod. vbi de crim. ag. oport. Iul. clar. q. 38.
Couarr. pract. q. 11. num. 3. Cæph. con-
fil. 59. & talem effe Galliæ proxim. affe-
rit Thuneus *lib. 1. cap. 3.*

La feule qualité du Iuge ne le
rend competant, s'il n'a la haute Iuftice, à laquelle & non à la moyenne ny à la Baffe, appartient la connoiffance des cas & crimes puniff-
fables de mort, mutilation des
membres & autres peines corporel-
les, comme fuftiger, mettre au poteau ou carquan, fleurdelifer, amandes honorables, banniffement. Co-
quille fur la couftume de Niuernois
tit. de Iuftice & Droit d'icelle art. 15.
Bacquet chap. 2. *Merum Imperium*
eft Iurifdictio criminalis fpecialiter. Lege
Senatufconfulto, vel à principe tributa
ad animaduertendum in facinorofos ho-
mines & coërcendum eorum delicta in-
quit

quit *Claperius tract. de Imperio & Iuris-*
dictione concluf. 4.& concluf. 5.omnes Im-
perij caufas & delinquentiũ pœnas cõpre-
hẽdit. Plufieurs coûtumes du Royaume font conformes à ce que deffus.
Melú ch. 1. art. 1. Sens tit. 1. art. 1. Bar.
tit. 2. art. 18. Amiens tit. 11. art. 123.
Saint Pol tit. 2. art. 30. Artois tit. 1. art.
12. Niuernois chap. 1. art. 9. Aniou
tit. 3. art. 42. d'Acqs titre des Prefen-
tations art. 44.

QVESTION II.

Si les hauts Iufticiers peuuent
connoiftre de tous crimes
commis en leur iurif-
diction.

Q Voy que les hauts Iufticiers
par conceffion du Roy, de la
liberalité duquel ils tiennent la
Iuftice,

Iuftice, ayent connoiſſance des crimes perpetrez en leur Iuriſdiction,
toutesfois ce n'eſt pas à eux de connoiſtre des cas Royaux, les Officiers
de ſa Majeſté ſont ſeuls competans.
Nos Docteurs François ne demeurent pas d'accord du nóbre d'iceux,
pource qu'ils ne ſont nettement ſpe-
cifiez par aucune Ordonnance, nous
ſuiuons le ſentiment de ceux qui
diſent que les cas Royaux en matiere de crime ſont.

Le crime de Leze Majeſté Diui-
ne & Humaine en tous ſes chefs,
branches & dependances, ſans rien
excepter.

L'infraction de ſauuegarde, paſ-
ſeport & ſauf-conduit du Roy &
des Officiers de la Couronne, chacun au fait de ſa charge.

Le detourbier fait & cauſé aux
Officiers du Roy ou de la Gendar-
merie, & à tous allans & venans pour
le

le seruice de sa Majesté, mesme à tous Officiers Royaux faisans leur charge.

La violence & excez faits en assemblée illicite & port d'armes. Ce cas sera expliqué en la question 37.

La fabrication de la monnoye bonne, sans permission du Roy ou faux Fabricateurs adherans & complices, parmy lesquels sont comprins les expositeurs *modo sciant falsam esse monetam, quia tunc tenentur vt falsarij, non secus qui falsis vtitur instrumentis Gregor. tract. de crim. læsæ Majestatis.* Bien que quelques-vns les rendent iusticiables des Iuges hauts Iusticiers, estimans qu'ils soient plustost Larrons que faux Monnoyeurs, Arrests de Paris au Code des decisions forenses, titre du crime de faux, decis. 10.

Les delits commis par les Officiers Royaux au fait de leurs offices.

L'alte

L'alteration ou fabrication du ſceau du Roy.

Impoſition ſans permiſſion du Roy , abus commis au maniment des Finances par les Receueurs de ſa Majeſté ou autres.

QVESTION III.

Si le Iuge qui n'a que moyenne Iuſtice peut connoiſtre de quelques crimes.

Dazerãc *traƐt. de iuriſd. cap.* 26. aſſure que le ſtil du Parlement de Toloſe ne met que trois cas ſous la haute Iuſtice en pays couſtu-mier ; ſçauoir, l'incendie, le rapt, & l'aſſaſſinat , & ſous la moyenne tous les autres crimes , bien qu'ils meritent le dernier ſupplice.

Nous diſõs qu'és lieux ou les cou-
ſtumes

stumes ne decident la question proposée, le Iuge ayant moyenne Iustice, peut connoistre des malefices,
qui ne requierent par le Droit écrit
& Ordonnances Royaux, peine de
mort Naturelle ou Ciuile, abcis-
sion de mébre ou effusion de sang,
conjointe auec manifeste infamie,
ains exigent seulement vne legere
correction corporelle ou bannissement temporel. Nostre opinion est
fondée sur l'Arrest du 13. Septembre
1552. prononcé en Robes rouges par
Monsieur le President Momsencal
declaratifs de la Haute, Moyenne
& Basse Iustice, en matiere Ciuile
& Criminelle rapporté au long par
l'Autheur precité.

QVE

QVESTION IV.

Si le haut Iusticier peut connoistre d'vn meurtre commis en sa Iurisdiction sur le chemin Royal.

LE sçauant Coras sur la Rubrique du ff. *de seruit. n. 95. nixus autoritate vlpiani in l.2.ff. ne quid in loc. pub.* dit qu'il y a 3. sortes de chemins, public, priué & vicinal. L'explication des deux derniers est inutile. Le premier est appellé public, *quia vsum vtilitatemque publicam & communem habet; per eam enim, vnicuique ire & commeare licet.*

Hoc posito quæritur, si le meurtre ou autre cas attroce perpetré en ces chemins publics ou Royaux, sont de la cónoissance du Iuge Royal, ou haut Iusticier, si les coustumes n'en
dispen

dispensent en faueur de l'vn ou de l'autre, comme celle de Tours, laquelle en l'art. 55. tit. 4. exclud le haut Iusticier.

L'Oiseau au traité du Droit de Police, decide la question en faueur des hauts Iusticiers, pource qu'il estime que les chemins publics n'appartiennent au Roy, quoy qu'ils soient en sa garde, comme Conseruateur du bien public.

Nous suiuons l'opinion de ceux qui decident que le Iuge Royal en doit connoistre à l'exclusion du haut Iusticier, parce que les chemins publics sont au Roy. *Viæ publicæ de Regalibus sunt: Quæ sint Regalia, in vsibus feudorum, Cæpol. tract. de seruit. cap. de seruit. viæ public. q. 7. & 10.* Arrest de Paris rapporté par Bacquet au traité de Iustice chap. 7. n. 15. Autre Arrest duquel fait mention Guenois sur l'Art. de la Coustume

B

de Tours précité. Boutelier, duquel
l'Oiseau se sert, est directement contre luy, & fauorise nostre opinion.

Au Seigneur Souuerain, dit il, appartient le gouuernement & connoif-
sance des grands chemins & des cas
qui y aduiennent, i'açoit qu'ils paf-
sent en & parmy la terre d'vn haut
Iusticier. Que si à raison de la pro-
prieté & domaine que le Roy a des
grands chemins publics, ses Officiers sont seuls competans connoistre des crimes attroces qui s'y commettent, par mesme raison ils con-
noistront de ceux qui se font sur les
Fleuues publics, & Riuieres nauiga-
bles, puis qu'elles sont au Roy Cod.
tit quæ sunt regalia cum multis aliis à
Bacqueto cap. 39. n. 3. allatis.

QVESTION V.

Si les Iuges Royaux peuuent connoistre de tous cas Royaux.

LEs Baillifs & Seneschaux à l'exclusion des Iuges Royaux, non ressortissans sans moyen aux Parlemens, connoissent de quatre cas Royaux; sçauoir, fausse monnoye, émotion populaire, port d'armes & infraction de sauuegarde, par Ordonnance inserée au titre des Baillifs art. 10 en la Conference. Thuneau titre des Competances, rapporte Arrest du Parlement de Grenoble contenant deffences aux ordinaires Iuges Royaux prendre connoissance des susdits crimes en 1648. le Parquet de Messieurs les Gens du Roy de Bourdeaux marqua ce defaut, en la procedure Criminelle instruite contre le nommé Saugis Chirurgien par le Iuge de Capreton, qui auoit connu du crime de fausse monnoye, quoy qu'il depende de nôtre Seneschal d'Acqs, & s'il n'est ressortissant sans moyen au Parlement.

QVESTION VI.

Si les causes Criminelles des Princes du sang, Ducs, Pairs, & Officiers de la Couronne, peuuent estre traitées par le Iuge Royal, en la Iurisdiction duquel ils delinquent.

LA negatiue est indubitable, ils ne sont iusticiables que du Parlement de Paris, c'est la Cour des Princes du sang & des Pairs, s'il est question iuger de leur vie & honneur,

neur, cela ne se peut faire que par
les Pairs de France en personne, sans
pouuoir substituer auec les Presi-
dans, Conseillers de la grand
Chambre, anciennement les Arrests estoient donnez au nom des
Pairs, à present ils s'expedient sous
celuy du Roy, comme chef Souuerain de la Iustice du Royaume.
Nous auons plusieurs exemples
confirmatifs de cette Decision rapportée par la Roche-Flauin, au
traité des Parlemens de France liure 13. chap. 18. & 19. *Buxino de priui-*
legiis magnatum Hispaniæ, dit qu'au
Royaume de Nauarre il y auoit anciennement des Ricombres égaux
en pouuoir aux Pairs de France, qui
ne pouuoient estre iugez que par les
Ricombres en presence du Roy.

Nos Roys de leur autorité Sou-
ueraine ne dependans que de Dieu
seul, peuuent donner Iurisdiction

à autres Compagnies de Iustice &
Officiers pour connoistre & iuger
des Crimes des Pairs & des Officiers
de la Coutonne, ainsi Louys XIII.
d'heureuse memoire, commit le
Parlement de Tolose contre le Seigneur Duc de Monmorency, où il
fut iugé Chambres assemblées, president Monsieur de Chasteau-neuf
Garde des Sceaux de France le 30.
Octobre 1632. & le Sieur de Cinq-
Marc, grand Escuyer de France fut
condamné en 1645. en la ville de
Lyon par des Commissaires depu-
tez par sa Majesté.

QVESTION VII.
Si les Officiers des Parlemens sont iusticiables du Iuge du delit.

LEs Officiers des Parlemens &
les Greffiers ont ce priuilege de
n'estre

n'estre iugés en Criminel que par le
Parlement mesme , en corps aussi
bien que les Princes du sang , &
Pairs de France, *Tertium est vt Sena-*
tores liberosque & vxores eorum si quid
crimen contraxerint, nullo facto preiudicio
in Curiam deducas , integramque de re
cognitionem permittas senatui , vt &
sontes citra tuam inuidiã rei peracti cri-
minis coram suæ sortis hominibus punian-
tur , disoit Mœcenas à l'Empereur
Auguste chez Dion Cassius au 52.
chap. de son histoire. Spartian en
la vie de Seuere fait mention de certain Edit, portãt deffences à l'Empereur faire mourir vn Senateur, sans
auoir sceu & demandé l'aduis du
Senat. Relordeau en ses actions
Forenses liu. 1. part.3. confirme ce
priuilege de Messieurs des Parlemens, la Roche-Flauin liu.10. ch.32,
rapporte quelques Arrests , par lesquels il a esté deffédu aux seruiteurs

B 4

&: domestiques des Presidens &
& Conseillers, auec cette difference
qu'ils ne seront iugé qu'en vne des
Chambres ; *et non consultis Classibus.*

QVESTION VIII.

*Si les Prestres & Clercs sont
iusticiables du Iuge du
delit.*

Egulierement le Iuge en la Iurisdiction duquel le crime est
commis, soit Royal ou haut Iusticier, ne peut proceder contre les
Prestres & Clercs, *Clericus apud seculares iudices accusandus non est c. quod
Clericus c. nemo vnquam caus.* II. *q.* I. Le
Iuge d'Eglise est seul competant
pour connoistre des delits des Prestres & Ecclesiastiques, c'est la voix
voix generale des Conciles, entre
autres

autres de celuy de Mascon, tenu
sous le Pape Pelagius & le Roy Gó-
ran de Treues 2. chap. 17. d'Orleans
4. Can. 20. Le Monde est gouuerné
par deux puissances la Royale, & la
Sacerdotale, chascune frappe de
son glaiue, les testes criminelles des
Seculiers & Ecclesiastiques. *Duæ sunt*
personæ quibus mundus regitur, regalis
& Sacerdotalis.

Est remarquable que les Clercs
ne peuuent iouïr du priuilege de
Clericature, soit pour estre ren-
uoyez au Iuge d'Eglise ou pour autre cause, s'ils ne sont constituez és
Ordres sacrez, ou actuellement resi-
dens & seruans aux Offices, Mini-
steres & Benefices qu'ils tiennent
en l'Eglise, Ordonnances d'Orleans
art. 20. & de Moulins art. 40.

Ces Ordonnances ne compren-
nent les Escholiers, actuellement
estudians aux Vniuersitez, ils iouïs-

fent du priuilege de Clericature, en
vertu duquel, s'ils eſtoient accuſez
de quelque crime non priuilegié,
le Iuge lors les doit renuoyer à l'Official. Fontanon ſur Maſuer *tit. 6.*
num. 12.

QVESTION IX.

Si les Eccleſiaſtiques accuſés de
quelque delit priuilegié, peu-
uent decliner la Iuriſdiction
Royale.

LEs crimes deſquels les Ecclesia-
ſtiques peuuent eſtre accuſez,
font en triple difference, ſçauoir
ſimples, communs & priuilegiés.

Les ſimples ſont ceux dont la diſ-
cuſſion appartient au Iuge d'Egliſe,
qui ſont ſuffiſáment reparez par les
peines Canoniques, & n'exigent
droit

celles du droit Ciuil, & des Ordonnances Royaux.

Les Commis appellés par quelques-vns mixtes dependent des
deux Iurisdictions sujets aux peines
establies par les Loyx Ciuiles & Ecclesiastiques. Tels sont en premier
lieu l'vsure : car quoy que la Glose
du chapitre *cum sit generale de for.
compet.* réde ce crime Ecclesiastique,
& spirituel, toutesfois estât puny par
les Loix Ciuiles & Ordonnances de
nos Roys *est mixti fori.* Et Molina au
traité des Contracts q. 10. au rapport
de Couarruuias *tom. 2. cap. 3. de Pœnis
vsur.* a soustenu contre les Canonistes, *Huius criminis cognitionem non minus ad Iudicem laicum pertinere quam
homicidij furti similiumque delictorum,
quæ mere Ecclesiastica minime censentur*
Secundò, l'adultere est vn crime
mixte, *quia vtroque iure prohibetur.* Et
la distinction de *Anch. consil. 196.* est

consi

considerable sur cette matiere, où
l'adultere est occulte où notoire,
au premier cas la connoissance appartient au Iuge d'Eglise: au second
le temporel en peut connoistre de
fait. l'Autheur du Code des Decisions Forenses, titre des adulteres,
decis. 15. fournit des Arrests interue-
nus contre des Abbez & Euesques
accusez de ce crime,

Tertiò, Bauni liu. 2. chap. 2. resout
que le blaspheme, pariure, malefice, ou sortilege, *sunt mixta delicta*
que la connoissance appartient au
Iuge Ecclesiastique, & Royal.

Les delits priuilegiez s'estendent
de ceux qui ne peuuent estre, selon
leur rtocité condignement punies
par les peines Canoniques, l'interest public exigeant des punitions
exemplaires, lesquelles dependent
du Iuge Temporel, & non de l'E-
clesiastique, *quia Ecclesia non nouit
sanguinem.*   La

La Nouelle 83. *Auth. ut Clerici apud propr. Episcop. Conuen. collat. 6.* designe la Iurisdiction du Iuge d'Eglise, concernant les crimes comis par les Ecclesiastiques, & les priuilegiés luy attribue les premiers, pourueu qu'ils n'exigent que la correction de l'Eglise, & s'il y a quelque chose au delà qui merite vne peine plus seuere, les renuoye aux Presidens des Prouinces, *His verbis, si Ecclesiasticum sit delictum egens castigatione Ecclesiastica Deo amabilis, Episcopus hoc discernat nihil communicás charissimis Prouinciæ iudicibus In Criminibus autem Ciuibus Prouinciarum Præsides sint iudices nota delictum vocari ciuile, quia à legibus ciuilibus punitur.*

Le Concile de Mascon, celebré du temps de Gontran Roy de Bourgongne frere de Chilperic 1. enuiron l'an 582. accorde nettement que les Iuges Seculiers pour les crimes

mes attroces ont Iurifdiction fur les
Ecclefiaftiques eft veritable ; qu'il
ne parle que de l'homicide, larrecin, & malefice, ce ne font que des
exemples *& exemplum nunquam re-*
ftringit regulam. Voicy la Decifion
formele de vingt Euefques François
affiftans à ce Concile, *Vt nullus Cle-*
ricus de qualibet caufa extra decifionem
fui Epifcopi à feculari iudice iniuriam pa-
tiatur aut cuftodiæ deputetur, quod fi cum-
que iudex Clericum abfque caufa crimi-
nali, id eft homicidio furto aut malefi-
cio hoc facere fortaffè præfumpferit, quan-
diu Epifcopo loci vifum fuerit, ab Eccle-
fiæ liminibus arceatur.

His pofitis, nous difons & concluons que les Iuges Royaux ont
iurifdiction & connoiffance des cas
priuilegiez fur les Ecclefiaftiques
en France pour raifon d'iceux, les
peuuent condamner à mort ou autre peine, felon l'exigence du delit.

Benedict.

Benedict. in cap. Reynutius, Chassan. in
consuet. Burg. tit. de iust. grass. 2. priui-
leg. 17.

QVESTION X.

Si en cas de delit non priuilegié,
le Iuge Royal peut proceder
contre vn Ecclesiastique qui
ne decline.

Q Voy que selon la pratique &
vsage commun l'accusé ne de-
clinant dés l'introduction de la cause, lors que le Iuge veut proceder à
son audition, soit decheu de son
renuoy, toutesfois cela n'a lieu à
l'égart de l'Ecclesiastique en tout
temps, en tout lieu, *etiam in causa*
appellationis, il est receu à proposer
son declinatoire, Arrest de Paris du
3. Septembre 1609. rapporté par
Chenu

Chenu au Traité des Iustices Royales chap. 3. il ne peut par son silence approuuant la Iurisdiction
Temporelle, faire tort au Caracte-
re & Ordre de Clericature, *Quia cle-*
ricale priuilegium non est personale, sed
toti ordini concessum D D. in Rub.de for.
compet. C'est au Iuge seculier examiner son pouuoir, *an sua sit iurisdictio,*
tout ce que seroit fait de l'adueu
& consentement tacite ou exprez
de l'accusé, n'auroit aucun fondement solide , *priuatorum consensus iu-*
dicem non facit eum , qui nulli præest iu-
dicio, nec quod is statuit rei iudicatæ con-
tinet autoritatem l. 3. Cod. de Iurisd.omn.
iudic.

QVESTION XI.

Si le crime de leze Majesté est priuilegié.

ON demeure d'accord de l'affirmatiue, Chenu tit. 41. l'additionnaire de Papon liu. 22. tit. 1. celuy-cy adiouste qu'en crime de
leze Majesté, le Roy a Iurisdiction
sur la personne des Euesques, mais
qu'elle a esté temperée, en ce qu'il
fait assembler vn Concile Prouincial pour les condamner, Chilperic
en vsa de la sorte contre Gilles
Euesque de Rheims, qui fut deposé à Mets, & confirme à Strasbourg.
Le mesme Chilperic commit le Iugement de Faultian pour n'auoir
voulu reconnoistre son autorité
Royale & s'estre fait pouruoir de l'E-
uesché d'Acqs par Gondebaut au

C

au Concile de Mascon, celebré en
585. où il fut deposé , & Nicetius
nommé par Chilperic , confirme
Gregoire de Tours liu. 7. chap. 13.
& liu. 8. chap. 2.

Iulius Clarus *q.* 35. *num.* 10. 11. 12.
& 13. asseure que les Cardinaux sont
Iuges par le Pape & n'est obligé appeller le Consistoire, *ut simul cogno-*
scant , & les Euesques par les Arche-
uesques auec l'aduis des Suffragans
Can. quorumdam 34. *dist.* Ce qu'a esté
confirmé par deux Arrests de Paris
de 1550. & 1553. rapportez par Papon
tit. de Iurisdiction, *num.* 47.

QVE

QVESTION XII.

Si l'assassinat, parricide, conspira-
tion, aggression, voleries, guet
de chemins, sedition's publiques,
port d'armes assemblées illici-
tes, sacrileges, fracture de por-
tes, sont cas priuilegiés.

L'Enormité des susdits crimes les
rend priuilegiez. Les Ecclesiastiques autheurs ou complices d'i-
ceux ne peuuent decliner la Iurisdiction Royale, puis qu'ils sont *ipso*
iure excommuniez & degradez de
toute Dignité, Honneur, Ordre,
Benefice & Priuilege clerical, abandonnez au Iuge Temporel, pour
estre punis suiuant la rigueur des
Loix Ciuiles, *Canonistæ in cap. 1. de*
homicid. Bald. & Ang. in l. non adeo de

de accuf. verifient cette propofition
en general. Voicy la preuue en particulier.

En premier lieu le crime d'affaffinat eft fi noir & atroce qu'il fouf-
met l'Ecclefiaftique à la Iutifdiction
Temporelle. *Clericus ob affaffinij cri-*
-men inhumanum diabolicum & atrox
omni priuatus clericali priuilegio tempo-
rali fubiacet imperio Carerius 55. *homi-*
cidium 5. *num.*10. Ce mot affaffin eft
fouuent mal interpreté par les Iuges, qui le confondent auec autres
crimes, nous l'expliquons auec les
plus Sçauans en cette forte.

Les Affaffins eftoiét certains peuples dependant du Royaume des
Parthes, defquels Arfaci fut le premier Roy, *vnde affaffinij dicuntur Ar-*
facidæ. Les defcendans de ces peuples du temps d'Innocent I V. pro-
feffans l'impieté de Mahomet,
eftoient fi fort attachez à la perte
des

Chrestiens, qu'ils se croyoent bien-
heureux s'ils en pouuoient tüer
quelqu'vn. Pour paruenir à leur
mauuais dessain, ils apprenoient
leur idiome, *Vt possent proditoriè in-*
cautos & non sibi prospicientes tollere, ni-
hil metuentes mori, si ide xecuti deprehen-
derentur. Vt ait Paul. Æmilius in Lu-
douico V. & in vita diui Ludouici &
Polidor. Virgil. lib. 6. Histor. Anglicæ.
Ces Impies firent grand degast sur
nos Chrestiés aux voyages d'outre-
mer, & comme ils ne se conten-
toiét pas de porter leurs mains vio-
létes sur eux, ils en detachoiét d'autres, lesquels *accepto pretio*, les mas-
sacroient proditoirement. C'est la
raison pour laquelle aux termes de
l'ancienne definition tirée de l'intelligence du chap. I. *de homicidio in*
60. *Assassinus est ille qui aliquem Chri-*
stianum occidi pretio mandat alteri siue
fideli siuè Christiano Capicius decis.155.
gram.vot.8.& 9. C 3

Les Criminaliftes prennent pour affaffins ceux qui tuent ou commandent de tuer, *dato aut recepto pretio,* qui commettent des meurtres à la priere & recõmandation d'autruy. Soit qu'il foit queftion d'vn Chreftien ou autre, *Boff. de mand. ad homicid. accac. de priuileg. Cleric.* adioufte, *Affaffinij crimen tunc dici, quãdo committitur homicidium cum proditione. In incautum & non fibi profpicientem, imo & conatus necandi affaffinium eft, etfi non fequatur effectus.*

Secundò, le parricide, c'eft à dire, celuy qui tuë pere, mere, frere, fœur, fils, fille, n'eft pas receuable à demender le renuoy deuers le Iuge d'Eglife, *Carr. dict.loc.num.*30.

Tertiò, les autres crimes, defquels on parle cy-deffus oftent tout priuilege Ecclefiaftique, attendu que la peine eft capitale de droit. *Bold.* confil. 327. raporte plufieurs iugemens

mens du Senat de Milan, contre les
conspirateurs, aggresseurs, voleurs,
gueteurs de chemin & autres, desquels est fait mention en la propofition de la presente question.

QVESTION XIII.

Si l'Ecclefiaftique accusé de fausse monnoye peut decliner.

L A fabrication de fausse monnoye est vne des branches du
crime de leze Majesté. Par les autoritez citez en la q. 11. nous auons fait
voir en general, qu'il n'y a lieu de
renuoy, la preuue en particulier fe
prẽd des termes expres des Ordonnances de François I. art. 36. d'Henry II. art. 20. elles deboutent les fabricateurs, rogneurs & billonneurs

du priuilege de Clericature, les Arrefts des Cours Souueraines rapportez au long par Thun. paſſent à cela.
Card. conſ. 2 3 5. n. 1 0. Molph. in prax. Cle-
rici falsâ Monetâ vel eius criminis rei
omni ceſſante priuilegio Eccleſiaſtico, iu-
dicio temporali condemnandi ſunt, ſic ſer-
uatur in terris Principum & Regum &
in hoc Regno Neapolitano.

QVESTION XIV.

Si les Eccleſiaſtiques pourſuiuis
pour n'auoir obey aux Ordres
du Roy, peuuent decliner la Iu-
riſdiction Royale.

SI le Roy pour certaines conſide-
rations commande à vn Eccleſiaſtique ſortir de quelque ville, al-
ler à la Cour, ou ſe rendre en quelque lieu, ou demender ſi ſon reue-

nu

nu le rend criminel de leze Majefté, nous difons qu'oüy, fondez fur
la l. *qui de Prouincia*, *ff. ad leg. Iul.*
Maieft. qui ve de Prouincia cum ei fug-
geftum eft, non diceffit, aut qui exercitum
deferunt vel priuatus ad hoftes perfugit
qui ve fciens falfum confcripfit vel re-
citauerit in tabulis publicis, *nam & hoc*
capite primo lege Maieftatis enumeran-
tur. Ainfi le refus d'obeyr aux Ordres du Roy, rendant l'Ecclefiaftique crime de leze Majefté, il ne peut
decliner la Iurifdiction Royale.

QVESTION XV.

Si l'Ecclefiaftique commettant
fauffeté deuant le Iuge fecu-
lier, peut decliner fa
Iurifdiction.

ILy a trois opinions, l'Autheur de
de la premiere eft Felin *in cap. ve-*

rum de for. comper. Il decide qu'en
ce cas l'Ecclefiaftique n'eft iufticiable du Iuge feculier, & que pour
raifon du crime de faux commis deuant luy, il ne peut luy impofer aucune peine, foit corporelle ou pecuniaire.

La feconde decide, que la connoiffance appartient au Iuge feculier, qu'il peut proceder contre l'Ecclefiaftique, *non ad inftantiam partis,*
fed ex officio & le premier, *pœna pecu-*
*niaria Feder. de fenn. confil.*93.

La 3 eft, de ceux qui tiennent que
le Iuge feculier a Iurifdiction fur
l'Ecclefiaftique, *in crimine falfi coram*
eo commiffo, & que fans reftriction
il a pouuoir de le punir, fuiuant l'exigence du cas. Nous foufcriuons
cette opinion fondée fur la Glofe de
la *l. nullum, Cod. de teftibus*, & les Arrefts du Parlement de Paris raportez par Quenois fur Imbert chap. 8.
liu. 3.

liu. 3. sur la fin, par lesquels des Prestres, pour des faussetez commises
ont esté condamnez en des amandes honorables par les Iuges Temporels.

QVESTION XVI.

Si l'Ecclesiastique apprehendé en flagrant delit, en habit lay peut decliner

LA negatiue est indubitable,
pource que les Ecclesiastiques
méprisans d'obeyr aux Conciles, &
de porter les marques de la Clericature se rendent indignes du priuilege : *Fori declinatorij, quia frustra legis
auxilium implorat, qui committit in legem, l. auxilium 55. in delictis, ff. de
minor. l. sancimus Cod. de iudic. cap. vnic.
de immunit. Ecclef. Francif. Leo in The-
saur. for. Ecclef. cap.* 11. *Tuscus litt. C.
concl.* 291,

concluf. 291. *Ricc. in prax. refolut.* 950.
Matth. in qui Pap. q. 138.

Les Arrefts des Cours Souueraines confirment cette refolution.
Thuneau en raporte huit, par lefquels les Ecclefiaftiques pour des
excez commis apprehendez en habit lay, ont efté deboutez du renuoy deuers le Iuge d'Eglife, & condamnez à peine afflictiue. Nos Archiues de l'Hoftel de Ville font foy,
que par tranfaction paffée en 1389.
entre Iean Gutarits vn de nos Euefques, & les Maire & Iurats, eft porté que les Clercs trouuez *in flagranti
delicto, fine habitu & corona Clericali,* feront par eux iugez.

QVESTION XVII

Si le Clerc Beneficier, qui ne porte l'habit & la tonsure, est exempt de la Iurisdiction Seculiere.

LA negatiue est fondée sur ce que le Clerc méprisant porter les marques de Clericature, sçauoir l'habit & la tonsure, se rend indigne de ses priuileges, le Concile les y oblige, permet à l'Euesque Diocesain proceder contre les Refractaires par suspension d'Ordre, Office & Benefice. *Propterea omnes Ecclesiasticæ personæ quantumcumque exemptæ, quæ aut in sacris fuerint, aut dignitatis personatus officia, aut Beneficia qualiacumque Ecclesiastica obtinuerint, si postquam ab Episcopo suo per edictum publicum moniti fuerint, honestum habitum*

Cleri

Clericalem illorum. Ordini & dignitati congruentem & iuxta ipsius Episcopi ordinationem & mandatum non detulerint, ab ordinibus & coërceri debeant. C'est la resolution de Cæphola *confil. crim.* II. *Ambrosin. tract. de immunit. Ecclef. cap.* 13. *Suar. de cenf. dip.*22. *sect.*1. *num.* 11.

La plufpart des Iuges prennent cette opinion à la rigueur, deboutent les Clercs qui ne portent la tonfure & habit Clerical du declinatoire, ils fe trompent; voicy la vraye & folide doctrine. L'Ordonnance de Charles IX. de Moulins art. 41. declaration renduë fur icelle, le tout inferé en la Conference liu.1. tit.4. portent par caufe difionctiue, *quod eft notandum*, que les Clers ne peuuent demander le renuoy, s'ils n'ont le moins l'ordre de Soudiacre, ou actuellement refidens & feruans aux Offices & Minifteres qu'ils tiennent

nent en l'Eglise. Le Concile de
Trente *session* 23. *chap.* 9. est conceu
en mesmes termes, decide que nul
ne peut auoir les priuileges de Clericature, *Nisi Beneficium Ecclesiasti-*
cum habeat aut Clericalem habitum &
tonsuram, deferes alicui Ecclesiæ ex man-
dato Episcopi deseruiat. Vel in seminario
Clericorum, aut in aliqua Schola aut Vni-
uersitate versetur. De sorte qu'à suiure les termes disionctifs, soit des
Ordonnances, où du Concile, le
seruice que le Clerc rend à l'Eglise,
& la residence du Titulaire en son
Benefice, le rendent iouïssant du
priuilege de Clericature, comme
s'ils portoient l'habit Clerical, tonsure, ou s'ils estoient constituez en
quelque Ordre sacré, par ainsi le
renuoy deuers l'Official, ne leur
peut estre refusé.

QVE

QVESTION XVIII.

Si les Officiers du Roy peuuent punir les Ecclesiastiques conuaincus d'heresie.

LEs Ecclesiastiques conuaincus d'heresie sont priuez des priuileges accordez à l'ordre Clerical, deliurez à la puissance Seculiere pour estre punis, quelques autoritez preuuent cette resolution.

Primò, le Pape Liber. I. escriuant aux Euesques assemblez en la ville d'Alexandrie, dit que les Euesques & Clercs *qui legem Christi præsumpserint prauaricari*, doiuent craindre le courroux de la puissance & autorité Royale, qu'ils sont decheus de tous priuileges accordez au Sacerdoce & ordre Clerical.

Secundò, par le premier Concile d'Ephese

d'Ephese, *quod est generale tertium est*
defini, que les Heretiques qui ne
veulent se reconnoistre, *Si Presteri*
vel Diaconi fuerint vel in aliquo quo-
piam gradu Ecclesiæ à Clero, à gradu &
à communione excidant.

Tertiò, Leon I. en l'Epistre 91
à l'Euesque Turibius parlant de
l'heresie des Priscillianistes dit que
l'Eglise reiette les cruelles vengen-
ces; mais qu'elle est assistée contre
eux des constitutions rigoureuses
des Princes. *Quæ etsi inquit Sacerdo-*
tali contenta iudicio seueris tamen Chri-
stianorum Principum constitutionibus
adiuuatur.

Quartò, Nicephore liu. 17. chap. 21
asseure que par iugemens de l'Empereur Iustin, la langue fut couppé à
l'heretique Seuerus, *Imperator fide-*
lissimus Iustinus, primo Imperij sui anno
Seuerum commeritas petulantis verbo-
rum lubricitatis pœnas pendere, lingua-

D

que eius radicitus excindere iussit.

Quintò, l'heresie de Priscillian, & Distancius & Saluianus, Prelats Espagnols, infectez de sa fausse doctrine, fut condamnée au Concile de Saragousse en 381. auquel assisterent quelques Euesques d'Aquitaine, entre autres, Saint Dauphin Archeuesq. de Bourdeaux, l'Euesque Stachius poussé du zele de sa Religion, les poursuiuit genereusement en la Cour de l'Empereur Maxime, qui commit le Prefet des Gaules, de l'authorité duquel Priscillian fut condamné & executé à mort, auec quelques complices, selon la remarque du Pere Baiole en l'histoire sacrée d'Aquitaine! *Priscilianus seculari gladio omni mundo probante truncatus est, inquit Hieronymus Stridonensis epist. ad Chrisiphontem.*

QVESTION XIX.

Si la resolution precedente rend les Iuges Temporels competans, pour iuger des heresies.

LA question precedente bien entenduë marque, qu'il s'agist d'vn Heretique conuaincu, & de la peine exemplaire qu'il merite, outre les Canoniques. Icy la difficulté est de sçauoir si les Iuges Temporels peuuent declarer quelqu'vn Heretique. Il est certain que non, c'est à l'Eglise en iuger, & au Saint Pere, comme chef d'icelle, decider & condamner les doctrines erronées contraires à la Foy, tesmoin la condamnation renduë par le Pape Innocent X. contre les cinq points de Iansenius Euesque d'Ipre, sur l'instance & poursuitte des Prelats de

France affemblez en la ville de Paris, prefidant l'Eminentiffime Cardinal Mazarin.

Apres le iugement interuenu par autorité de l'Eglife ou du Saint Pere, contre quelque Heretique, il doit eftre deliuré à la puiffance Seculiere, laquelle a notable intereft de le punir, pour empefcher par la rigueur des peines l'eftabliffement des fauces Religions, & que fous pretexte d'icelles, vn foufleuement n'arriue en l'eftat, d'où naiffent les rebellions contre les Souuerains.

Mil deux cens quinze Peres venerables affemblez au Concile de Latran tenu fous Innocent III. ch. 3. defignent en ce cas le pouuoir de la Iurifdiction Seculiere.

NOVS excommunions, difent-ils, le Herefies foufleuées contre la Foy fainte, Orrodoxe & Catholique; Nous condamnons

nons tous Heretiques, & apres
les auoir condamnez, qu'ils
soient abandonnez aux puissances Seculieres, ou à leurs Baillifs,
pour estre punis, suiuant l'exigence du cas, les Clercs estant
prealablement degradez de
leurs Ordres & excommuniés.

Excommunicamus & anathematisa-
mus omnem Hæresim extollentem se ad-
uersus hanc sanctam Orthodoxam & Ca-
tholicam fidem, condemnantes vniuersos
hæreticos, damnati vero Secularibus po-
testatibus præsentibus aut eorum Bailiuis
relinquentes animaduersione debita pu-
niendi Clericis prius à suis Ordinibus
degradatis.

QVESTION XX.

Si les Ecclesiastiques pratiquans quelque vil Ministere, perdent le priuilege de Clericature.

LE C. *Episcopus*, allegué par Gratian distinct. 88. deffend aux Euesques, Prestres & Diacres se méler des affaires du monde, chasse les contreuenans de l'ordre Clerical, les Cōciles de Cabillon 2. can. 12. de Paris 3. ch. 28. d'Agde ch. 8. leur prohibe le trafic & negoces, *Respicere enim debent scriptum esse nemo militans Deo implicat se negotijs Secularibus.*

Sur ce fondement les Docteurs ont conclu que les Ecclesiastiques pratiquans quelque vil Ministere, perdent le priuilege de Clericature, sont sujets aux Iuges Temporels, *Sic alex.*

alex. de Neuo consil. 60. Inocent. in cap.
final. de vit. & honest. Cleric. Bertrand.
lib. 8. consil. 13. num. 5.

QVESTION XXI.

Si les Ecclesiastiques trouuez sai-
sis d'armes prohibées par les
Ordonnances Royaux, sont
sujets à la Iurisdiction Tem-
porelle.

CEtte question est proposée par
Iul. Clar. q. 36. Docteur, resout
que comme les Ecclesiastiques sont
obligez obeyr aux Edits des Princes
aussi contreuenans par le port d'armes, qu'ils deffendent pour le bien
public, ils se rendent iusticiables de
leurs Officiers, remarque sur la fin
du nombre 26. qu'en France, *Iudi-*
ces Seculares puniunt Clericos arma ve-

tita deferentes vt attestantur multiquos
refert Didacus q.33.

Chassanée sur la coustume de
Bourgongne , Rub. des Iustices *in*
verb. si aucun comet simple larcin *n.*
79. souscrit cette opinió, asseure que
le port d'armes est vn des cas priuilegiez , & que en France le Roy &
ses Officiers sont en possession de
connoistre de ce crime , contre les
Ecclesiastiques : *Qui puniuntur pecu-*
niariter & non corporaliter Clericus , in-
quit , arma deferens & portans potest
capi & puniri pecuniariter non corpora-
liter & de hoc iure Rex Galliæ , & eius
Officiarij sunt in Regno in possessione &
Saisina à tempore cuius initij memoria
non extat in contrarium.

QVE

QVESTION XXII.

Si vn Ecclefiaftique Officier du Roy, pour les maluerfations commifes en l'exercice de fa charge, peut decliner la Iuftice du Roy.

QVelques-vns tiennent que l'Eclefiaftique maluerfant en fa charge n'eft iufticiable des Officiers du Roy ; pource que le priuilege Clerical (portant que les Clercs, pour crime ne reconnoiffent que le Iuge d'Eglife) leur eft accordé, *iure diuino*, aufquels la qualité furuenante d'Officier ne peut deroger. *Aufrer. in Clement. I. de Offic. Ordin.*

Nous tenons le contraire, & telle eft la pratique & obferuance de toutes les Cours Souueraines de France. *Chaffan. in confuet. Burgund.*

D 5

loc. super. q. citat. num. 9. Il asseure que
le Roy François I. en 1531. optint
du Pape Clement vn rescript, portant que les Officiers Royaux , *in*
Officio delinquentes ; non gauderent pri-
uilegio Clericali , soustient que cela
n'estoit necessaire, pource que long-
temps auant les Roys de France
estoient en possession de connoistre des maluersations commises
par les Ecclesiastiques , en l'Exercice de leurs Offices Royaux , *&*
multi consiliarij fuerant per Curiam
puniti.

QVESTION XXIII.

Si l'Ecclesiastique peut estre recherché & puny par le Iuge Seculier, pour crime commis auanteftre Clerc ou Religieux.

Garcias Galeus *traȼt. de Iurifdiȼt. num.* 14. *cap.* 35. propofe cette queftion, rapporte pour toute decifion, que certain Milanois, apres auoir volé vne fomme notable en la ville de Milan fe retira à Pampelonne, où il fe fit Preftre & Religieux, deux ans apres, paffant à Milan fut arrefté prifonnier de l'autorité du Senat, pour raifon de la volerie commife, ayant iuftifié de fes lettres d'Ordre, Religion & Profeffion, par iugement rendu auec grande connoiffance de caufe, op-

tint

tint le renuoy deuers le Superieur
de l'Ordre.

Couarruu. resout contre le Docte
Auandinius *tract. de mandat. exeq.*
cap. 22. *num.* 7. qu'au cas propofé, les
Ordres prins apres le crime commis
deliurent les Ecclefiaftiques de la
Iurifdiction Seculiere. *Ordo Ecclesia-*
ficus post delictum assumptus liberat
Clericum à Iurifdictione Iudicis Secula-
laris. Sic ille pract. quaest. cap. 32. *banc*
conclusionem probat argum. l. hos accusari
& ibi Albert. & Ang. & l. qui cum vno
55. reus, ff. de re militari.

Bauni q. 5. des cas priuilegiez au-
torifé de Suarez *lib.* 4. *cap.* 15. *num.* 16.
de Farinac. *iu prax. tit. de inquifit.* q. 8.
foufcrit cette opinion qu'il preuue
par ce raifonnement. Le priuilege
de ne réfpondre deuant les Iuges
Temporels , eft pour tous Clercs,
puifque l'accufé eft tel au temps de
la capture, quoy qu'il ayt prins les
Ordres

Ordres apres le crime commis, il ne seroit pas iuste le priuer des graces accordées à l'Ordre Clerical.

Ceux qui sont de cette opinion la modifient, disent que si les Ordres sont prins *dolo, & fraude, vt Iudicis forum reus declinet*, en ce cas, il ne sera liberé de la Iurisdiction du Iuge Seculier, *Oldr. consil. 4. Chass. d. loc. num.* 105. La preuue de la fraude se prendra du temps de l'ordination & de l'accusation ; car si le Clerc prend les Ordres, apres auoir esté accusé & deferé, du crime ou diffamé, *tunc fraus præsumitur. Sic Couarr: loc. citat.* quoy que Bellamera *in cap. proposuisti de for, comp.* le decharge, sans s'arrester à la presomption de fraude.

Nostre resolution est, que la promotion aux Ordres, apres le delit perpetré, quoy que commun, & non priuilegié ne deliure l'accusé
de

de la Iurifdiction Temporelle, fuiuant les Arrefts de 1407. & 1584. raportez par l'additionnaire de Papon, titre de la Iurifdiction *n.* 35.

QVESTION XXIV.

Si l'Ecclefiaftique complice d'vn Lay peut decliner.

QVelques Docteurs decident
qu'au cas propofé l'Ecclefiaftique peut decliner , & qu'à raifon
de la connexité du crime, qui ne
fouffre diuifion , le Iuge d'Eglife eft
feul competant, *etiam contra Laicum,*
pource qu'eftant plus noble que le
Seculier, il le doit emporter, *Communi enim regula fertur magis dignum
ad fe attrahere minus dignum* Gomes. *in
cap. 1. de refcript.* Boff. *de for.compet.n.16.*
Anton. *à Prato in l. 1. de fent. fin. appell.
refcind.* Socin. *confil.* 12. *Soarez in
tract.*

traɛt. de Matrimon. dubit. 10.

Nous difons que quelle connexité qu'il y ayt entre les complices, &
que de droit, *continentia causæ diuidi*
non possit, le Iuge Temporel peut
prendre connoiffance du crime
commis par le Lay & l'Ecclefiaftique, & procedera còntre le Clerc.
Nisi crimen sit priuilegiatum, Igneus in
l.1. num.27.ff. ad Sylla. Cum multis aliis
à Iul. Clar. q. 36. citatis. Apres auoir
remarqué que c'eft la commune obferuance. Aduertit le Iuge de la fui-
ure. *Et ideo ab hac communi obseruan-*
tia non recedas in practica fic illé n. 46.
in fine.

QVE

QVESTION XXV.

Si l'Ecclefiaftique violenté par l'Euefque ou fon Official peut appeller au Magiſtrat Seculiers.

L A negatiue eſt fondée , ſur ce que l'appel preſupoſe , que celuy deuers lequel il eſt fait, & releué & Superieur à celuy duquel il eſt appellé , pour faire reparer le grief, ſouſtenu par l'appellant. *Appellare verbum iuris , cum is qui à Magiſtratu aliquo iniuriam paſſus eſt , Superiorem Magiſtratum addit , & vt illud Decretum reſcindat , petit hinc appellare ab inferioris Iudiciis ſententia , ad Superiorem prouocare.* Hotoman. 2. *Vlpian. in l.1. ff: de appell.* Or les Magiſtrats Seculiers n'ont ſuperiorité ſur les Eueſques, & leurs Officiaux, *conſequenter*

les

les Ecclesiastiques par eux oppressez
& violentés ne peuuent reclamer
auxilio appellationis , l'authorité des
Iuges Temporels. *Duar. in Bull. Cœn.*
lib. 2. can. 14. Bonac. de leg. q. 2. disp. 10.
Suar. contr. Reg. Ang. lib. 4 cap. 34.

Nous tenons que les Clercs oppressez & violentez par les Iuges Ecclesiastiques peuuent implorer le
secours des Officiers Royaux. Ils
sont sujets du Roy , sa Maiesté les
doit deffendre & proteger en leurs
necessitez. Ce n'est pas proprement
vne appellation , ains vn droit de
deffence, fondé sur l'équité naturelle. Layman. *lib. 4. tract. 9. cap. 4. Azor.*
tom. 1. lib. 5. *c. 14. q. 2. & multi alij quos*
citat. & sequitur Bauni de priuileg.
Cler.

Cette resolution doit estre prinse auec cette modification , que
l'oppressé ne puisse estre soulagé par
les ordres & degrez de la Iurisdi-

E

ction Ecclesiastique : car si la violence luy est faite par l'Euesque, ou
son Official. Il est irreceuable d'a-
bord de porter ses plaintes aux Ma-
gistrats Seculiers. Il doit par preala-
ble se pouruoir deuers l'Archeues-
que & Metropolitain, ce remede
luy manquant. *Cum necessitas faciat
licitum, quod alias est illicitum,* il implo-
rera l'autorité du Parlement, dans
le ressort duquel il est resceant &
domicilier.

QVESTION XXVI.

*Si les Euesques ou leurs Officiaux
peuuent punir les Religieux
delinquans, scandaleusement
hors le Monastere.*

Les Euesques de droit commun
ont plaine Iurisdiction sur les
Reli

Religieux à les conſiderer en leur
premiere origine, & inſtitution, ils
n'ont autres Iuges, *Vnuſquiſque Epi-*
ſcoporum poteſtatem habeat in ſua Paro-
chia, tant de Clero quam de regularibus
Concil. Vernenſ. can. 3. Rod. tom. 2.
quæſt. 6 3.

Les Papes ont eu en telles conſideration quelques Communautez
Religieuſes, qu'ils leur ont accordé
le priuilege d'exemption de la Iuriſdiction des Eueſques : Mais cela
n'empeſche pas que comme deleguez du Saint Siege, ils ne puiſſent
punir les Religieux exempts, delinquans auec ſcandale hors le Mona-
ſtere ſelon le Concile de Trente
ſeſſion 6. chap. 3. *Eccleſiarum Prælati*
ad corrigendum ſubditorum exceſſus pru-
denter ac diligenter intendant, & ne-
mo Secularis Clericus, vel cuiuſuis Or-
dinis Regularis. (Sic legendum ſecundum
correctionem congregat. Cardin.) extra

Monasterium degens, etiam sui Ordini priuilegij, pretextu tutus censeatur quominus si deliquerit ab Ordinario loci, tanquam super hoc à Sede Apostolica delegato, secundum Canonicas sanctiones, visitari puniri & corrigi valeat.

Idem dicendum, quando agitur in figura iudicij, pour raison du crime cõmis par quelque Religieux en ce cas, la Cour, Iurisdiction & connoissance, en appartient à l'Euesque, priuatiuement à tous autres Iuges. *Tournel. litt. I. num. 131. in fine,* se fonde sur le chapitre, *quanto de offic. Ordin. C. hoc tantum. C. Abbates* 18. *q.* 2. *Capel. Thol. decis. 408. Edict. Aurel. art.* 11. *Chop. de Sarr. Polit. tit. 8. num. 23. 24.*

Aussi l'Euesque Diocesain ou son Official, sont competans de connoistre des fautes faites par les Religieux. *Circa sacramentum Eucharistiæ, Gall.* en la premiere partie raporte Arrest de l'an 1526.

Fina

Finalement les Euesques nonobstant le priuilege d'exemption, les
Superieurs negligent de corriger les
Religieux dans les six mois portez
par le Concile de Trente, session 21.
chap. 8. procederont contre eux &
les corrigeront, comme deleguez
du saint Siege, *Quibuscumque appel-*
lationibus priuilegiis & exemptionibus
penitus remotis & non obstantibus.

QVESTION XXVII.

Si le Iuge Lay peut contraidre vn Ecclesiastique de deposer deuant luy.

IVi. *Clar. q.24. num.22.* soustient ab-
solument la negatiue, asseure que
telle est l'obseruance de son Senat,
la pluspart des Casuistes, & Canonistes sont de son aduis, se fondent

fur faint Thomas 2.2. q. 7. art.1. pource qu'enjoindre & commander à
quelqu'vn de faire quelque chofe, eſt vn droit de fuperiorité, lequel le Iuge ne pouuant s'attribuer,
fans attentat fur l'Eccleſiaſtique, eſt
vray de dire, qu'il ne peut le faire
citer deuant luy & l'obliger à de-
poſer.

Guy Pap. en la deciſion 63. di-
ſtingue ou les Eccleſiaſtiques font
aſſignez, pour rendre leur depoſition
en matiere Ciuile ou Criminelle, au
premier cas, s'ils font refultant, le
Iuge les peut contraindre par quelque peine temporelle & legere, au
fecond le confentement de l'Euefque eſt requis : En France les Gens
d'Egliſe peuuent eſtre contrains
porter teſmoignage de verité, fans
autorité & confentement des Superieurs foit és cauſes Criminelles ou
Ciuiles, telle eſt la commune obferuance

seruance receuë & approuuée im-
memoriablement en ce Royaume,
nonobstant la resolution du Pape
Honorius III, *in cap. 1. de calum. sic*
Matth. ad dict. qui Pap. decis. Buyn. in
legibus abrogatis part.3. n.133.

QVESTION XXVIII.

Si en matiere Criminelle, la pro-
cedure faite par le Iuge d'E-
glise ; fait foy en la Cour
Temporelle.

L A negatiue est indubitable,
pource que l'Official estant incompetant, la procedure est nulle,
quod nullum est, nullum producit effe-
ctum, que si le Iuge Ecclesiastique
n'a aucun esgard aux actes tenus deuant le Iuge Temporel , *Quia apud*
eum non probant gram. consil.42. num.1.

Viuius in verb. Iudex Laicus. Par identité de raiſon, la procedure du Iuge
d'Egliſe ſera reiettée *à Curia Seculari.*
Dumenil en ſes queſtions, chap...
aſſeure qu'il fut ainſi decidé au Parlement de Toloſe, en 1632. quoy
qu'en l'eſpece de l'Arreſt, il y eut
cecy de remarquable, que les Iuges
Temporels & Eccleſiaſtiques euſ-
ſent procedé conjointement aux
auaremens, & que par ce moyen,
ce fut la procedure du Iuge Lay, auſſi bien que de l'Official, la Cour ne
voulut y auoir égard.

Hic occurrit pulchra quæſtio, ſi la
confeſſion faite deuant Iuge incompetant, ſçauoir d'vn Clerc, *coram
Iudice Laico & vice verſa,* eſt nulle
& ſans effet. *Boër. deciſ. 9. num. 3.* dit
que telle confeſſion eſt receuë, &
qu'à raiſon d'icelle, l'accuſé doit
eſtre condamné à la queſtion, aſſeure que telle eſt l'obſeruance. *Aufr. in
Clem. 1.*

Clem.1. de offic.Ordin.Boff.tit. de confeff.
Iul.Clar. q.21.num.34.

Nous fuiuons cette opinion, *Cum
hac limitatione*, que l'acculé perfeue-
re en la confeffion, que s'il l'a reuo-
qué deuant font Iuge, elle ne fait
aucune prefomption legitime pour
la torture. *Bald. in l.vnic.num.96.Cod.
de conf. quam opinionem fequuti funt au-
tores melioris notæ, quos recenfet. Ofafc.
decif.79. Clar. loc cit.num.33.* fondé fur
le raifonnement de Boër. au lieu allegué, dit que la reuocation n'eft
confiderable, pource qu'il n'y auroit Criminel, qui ne reuoque la
confeffion, *& fic fieret fraus iuftitiæ.*
Accorde neantmoins que fi l'accufé en reuocant, iuftifie de l'erreur,
force ou contrainte;raportée par le
Iuge incompetant, *in exigenda con-
feffione, tunc talis reuocatio ei prodef-
fe poteft.*

E   5

QVESTION XXIX.

Si l'Ecclesiastique est receuable comparoistre par Procureur à l'adiournement personel, à luy donné deuant le Iuge Lay.

Velques - vns ont decidé que l'Ecclesiastique n'est obligé comparoistre en personne, ne par procuration, mesme pour alleguer son priuilege, d'autant que l'adiournement est vn acte de Superiorité, que le Iuge Lay ne peut s'attribuer sur luy, & s'il procede par defauts & Contumace, pour des cas non priuilegiez,& qui ne sont de sa connoissance & le condamne, la procedure & condamnation sont nulles, soit pour la peine ou les depens. Felin. *in cap. veniens de accuss. gram.*

gram. vot. 8. decis. consil. 141.

Bartol. in l.non videtur, ff.de Iudic.
tient que l'Ecclesiastique doit comparoistre à l'adjournement personel,
& que le Iuge Temporel peut proceder contre luy par Contumace,
s'il ne luy appert de sa qualité, &
qu'elle ne soit inserée en ses lettres Citatoires, que s'il en a connoissance, *scire debet*, qu'il n'est sujet à sa Iurisdiction.

En France les Ecclesiastiques sont
obligez se presenter à l'assignation
personelle, mesme le renuoy ne
leur doit estre accordé, qu'ils n'ayent
rendu leurs auditions sur les charges & Informations contre eux faites, pource que c'est de l'interest public, que la verité ne soit cachée.
Ne crimina remaneant impunita. Arrest de l'an 1529. raporté par Quenois sur Imbert liu.3. chap.6. ce que
n'est permis qu'aux Iuges Royaux
ressor

reffortiffans fans moyen, en quelque
Parlement, attendu que par les Ordonnances, ils font feuls competans, pour connoiftre des delits des
Preftres & des Nobles; les autres in-
ferieurs n'ont Iurifdiction que fur
les Roturiers.

QVESTION XXX.

Si les Iuges Temporels & Eccle-
fiaftiques peuuent iuger con-
jointement le delit commun &
priuilegié.

LA raifon de douter fe prend de
ce que, par les Ordonnances, les
Iuges d'Eglife inftruifent conjointement auec les Temporels contre
les Preftres accufez de quelque delit priuilegié, & n'eft pas deffendu
iuger diffinitiuement à celuy qui
fait l'inftruction.

Il

Il y a grande difference entre instruction & iugement. La premiere se fait coniointement pour la preuue du crime, & faire voir au Iuge d'Eglise, que le Lay ne procede sans raison contre vn Ecclesiastique, au moyen de l'instruction, il sçait dequoy il est accusé. Permettre que *coniunctim*, ils le condamnent; ce seroit donner au iuge d'Eglise Iurisdiction qu'il n'a pas. Par c'est Ordre, le Lay connoistroit du delit commun, & l'Ecclesiastique du priuilegié *quod absurdum.*

Aussi les Parlemens de France ont trouué cette façon de proceder si extraordinaire & abusiue, qu'ils ont cassé semblables Iugemens, & decretté les Officiers Temporels, auec deffences sur peine de suspension de leurs Estats pour vn an, *pro prima vice,* & de priuation d'iceux. Pour la seconde, de plus assister à donner

tels

Iugemens, les Arrests font raportez
par Tournel *litt. I.* & Chenu *tit.* 41.
des Iuſtices Royales.

QVESTION XXXI.

Si l'Oficial peut condamner vn
Ecclefiaſtique purement &
ſimplement en amende.

ON demeure d'accord qu'il
eſt permis à l'Official amander pecuniairement les Eccleſiaſtiques, pourueu que l'amande ne ſoit
pure , & ſimple , ains employée à
quelque cauſe & œuure pie , autrement s'il prononce purement &
ſimplemẽt, ſon iugemẽt eſt caſſable,
d'vn coſté , il ſemble qu'elle ſoit adiugée à l'Eueſque , *quod prohibetur.*
De l'autre cette forme de pronon-
cer n'appartient qu'à la puiſſance
Seculiere

Seculiere & non à l'Ecclesiastique,
pour éuiter censure, il se seruira du
mot aumosne, & non d'amande
Tournel *litt. I. num.* 73. 74. raporte
des Arrests confirmatif de cette doctrine, fôdez sur plusieurs autorités.

QVESTION XXXII.

Si les Officiaux peuuent condem-
ner les Ecclesiastiques aux
Galeres & à la
torture.

LA raison de douter se prend, de
ce que les Galeres sont subro-
gées à ces lieux où anciennement
les miserables criminels deuoient
trauailler incessament pour le bien
public, y demeurer comme en prisons perpetuelles, suiuant la remarque de Boss. expliquant le mot *erga-*
stulum.

gaſtulum. C'eſt vne peine Canonique, laquelle les Iuges d'Egliſes peuuent impoſer. *Greg. Thol. de pœn. Eccleſ. cap. 4.*

Toutesfois la practique de la Frãce eſt telle, que les Officiaux ne peuuent chaſtier les Eccleſiaſtiques du Banniſſement, ny des Galleres, ſelon les diuers Arreſts rapportez par Tournel *litt. I. num. 75.* Chenu *q. 39.*

Quand à la torture, quelques-vns ſont en ce ſentiment, que le Iuge d'Egliſe ne la peut ordonner contre les Eccleſiaſtiques, ſe fondent ſur le texte de la *l. Preſbyteri, Cod. de Epiſcop. & Cleric. & ibi Bart.*

L'opinion contraire eſt ſuiuie, parce que la torture eſt vn moyen pour paruenir à la preuue de la verité commune aux Iuriſdictiõs Eccleſiaſtiques & prophanes: autrement les delits des Preſtres demeureroient impunis. Les Arreſts de France

France passent à cela, Tournel. *dict.*
loc. n.75. C'est aussi la resolution des
Maistres. Folc. *in prax. Capyc. de-*
cis. 142.

QVESTION XXXIII.

Si le Clergé peut sous le nom du
Scindic poursuiure le meurtrier
d'vn Prestre.

LE Clergé du Diocese d'Acqs, sur
l'aduis receu du meurtre, commis sur la personne du Vicaire per-
petuel de saint Cric, chargea
Messire Iean Castels Prestre & Scindic, faire les poursuites necessaires
contre les accusez, il se rendit De-
mandeur en excez, poursuiuit deuant le Seneschal & au Parlement
de Guyenne, pour lors sceant en la
ville de la Roole,& par Arrest d'Au-

F

diance rendu sur les Conclusions
de Monsieur l'Aduocat General la
Vie, au mois d'Aoust 1654. la Cour
rendit le Procureur General seul partie, ordonnant qu'à sa Requeste le
Reglement extraordinaire optenu
par Castels Scindic, seroit exécuté.
De sorte qu'il demeure preiugé, que
le Clergé ne peut sous le nom du
Scindic poursuiure en Iustice le
meurtrier d'vn Prestre, par ceux
qui sont accusez des delits, exigeans
peine corporelle.

L'Arrest peut estre fondé sur ce
que les Ecclesiastiques ne peuuent
sans encourir irregularité, se rendre
accusateurs, *Si agatur de crimine pœnam sanguinis irrogante.* C'est la commune resolution des Canonistes.
*Didac. in Clement. si furiosus de homici-
dio textus in cap. 2. & in cap. si furiosus,
de homicidio.*

Quelques Docteurs, entre autres
Iul·

Iul. Clar. *q.* 14. *num.* 3. estiment qu'ils n'encourent irregularité. *Si actu ipsius accusationis protestentur, quod non intendunt agere ad vindictam corporalem.* Ce pretexte ne fait rien contre l'Arrest, attendu qu'on ne peut alleguer aucun motif de la part du Clergé, que le dessain de faire punir exemplairement les accusez du meurtre. La peine duquel est la mort.

QVESTION XXXIV.

Si les Ecclesiastiques sont receuables appeller des Iugemens de correction & discipline Ecclesiastique.

LA negatiue est suiuie en France, fondée sur l'Ordonnance de Charles IX. du 16. Auril 1571. Thu-

neau raporte 6. Arrests du Parlement de Dijon. Bauni cite ceux de
Bretagne & de Páris, des priuileges
des Clercs, chap. 3. & 6. des Appel-
lat. en 1640. Meſſire Iean Bauregard
Preſtre au Dioceſe d'Acqs, c'eſtant
voulu ſeruir du remede de l'Appellation, en fait de correction & diſci-
pline Eccleſiaſtique, fut declaré irreceuable. *Ne cum pro aliquo exceſſu*
fuerint, corrigendi contra Regularem ;
Prelati & Capituli diſciplinam appella-
re præſumant, ſed humiliter ac deuotè
ſuſcipiant, quod pro ſalute eis fuerit in-
iunctum.

Que ſi ſous pretexte de diſcipli-
ne Eccleſiaſtique & reformation de
mœurs, l'Eueſque retenoit priſon-
nier vn Eccleſiaſtique, à deſſein de
l'obliger de ſe deffaire de ſon Benefice, *Tunc, inquit, Accacius Clerico ſuc-*
currendum erit, remedio appellationis in-
terpoſito, datur enim grauatis & per po-
tentiam

tentiam oneratis, nec eſt qualitas Epiſco-
pi attendenda, ſi de onere & grauamine
doceatur.

QVESTION XXXV.

Si l'Information fait la preuen-
tion, & en quoy elle
conciſte.

NOs Docteurs ne demeurent
pas d'accord, en quoy conſi-
ſte la preuention. Cette matiere eſt
amplement traitée par Caroſ. *In*
prax. cap. 8. de vi, & effeƈtu preuentio-
nis, gram. deciſ. 30. Vital. in traƈt. Clauſ.
Decianus lib. 4. cap. 20. Les con-
cluſions ſuiuantes decident tout
doute.

1. concluſion, l'Information ſeule ne fait la preuention à l'excluſion
du Iuge qui a capture, *inquiſitio, inquit*

Caros. prauentionem non facit , si alter iudex reum capi fecerit. Iugé par Arrest du grand Conseil de l'an 1644. duquel i'ay fait mention en mon traité des cas preuostaus.

Seconde conclusion , si le Iuge ordinaire , & le Superieur concourrent que de toutes pars, il y ayt procedure égalle , soit en l'Information ou au Decret, & qu'il ne conste quel des deux a cónu le premier du delit : En ce cas , il faut distinguer , ou le Superieur est Iuge Souuerain , & ses Iugemens executoires sans appel , ou ses appellations se releuent en quelque Cour Superieure , *Primo casu* , le Superieur est preferable , *propter eminentem qualitatem*, au second , non , pource que les degrez de Iurisdiction seroient interrompus , lesquels il faut suiure , attendu qu'ils sont establis par les Edits , & Ordonnances Royaux. *Et ordo*

ordo Iudiciorum perturbaretur, si sua cui-
que Iurisdictio non seruaretur. Caros.
dict. loc.

Troisiesme conclusion, le Iuge
iure præuentionis, qui a informé des
crimes plus graues, & attroces contre l'accusé, est preferable, quoy
qu'vn autre le detienne pour des
moindres delits. *Vital. loc. cit.*

4. Conclusió, n'apparoissant de la
priorité de la preuention entre deux
Iuges esgaux en pouuoir, *præuentioni*
locus non est. Le Iuge d'appel connoi-
stra du crime, où s'il y a conflict entre deux Cours Souueraines, le Priué Conseil les reglera, *Ne reus ex*
eodem delicto vexetur in duobus loc.
Boss. de for. competi num. 104. Quoy
que Balde decis. 319. donne l'option
à l'accusé, approuuer vn des Iuges
contandans, *& alteri opponere exce-*
ptionem præuentionis, & quod causa co-
ram altero pendet. Cette opinion est

F 4

erronée, pource que ce seroit fauo-
riser l'accusé de luy donner la liberté de choisir son Iuge.

3. Conuient remarquer que contre
les Iuges des Seigneurs hauts Iusticiers, on ne peut vser de preuention, car où le cas est Royal ou non.
Primo casu, la preuention est inutile,
pource qu'ils n'en peuuent connoistre, suffit d'appeller de leur procedure, comme de Iuge incompetant,
& releuer l'appel deuant le Superieur. *Secundo casu*, ils ne peuuent
estre priuez de la Iurisdiction que le
Roy leur a accordé, il ne faut hesi-
ter sur ce point, attendu les diuerses Ordonnances prohibitiues aux
Baillifs & Seneschaux vser de pre-
uentions, & d'entreprendre aucune
Iurisdiction és terres des Barons &
hauts Iusticiers. Les cas Royaux &
de ressort, exceptez. Ordonnances de saint Louys de l'an 1254. de
Philippe

Philippe le Bel, en 1302. de Philippe de Valois en 1338. du Roy Iean en 1355. de Charles V. en 1357. de Charles VIII. en 1490. de François I. en 1538.

QVESTION XXXVI.

Si les Presidiaux, Seneschaux &
Preuosts des Mareschaux ont
droit de preuention sur les
Iuges Ordinaires pour les cas
Preuostaux.

LEs Ordonnances Royaux attribuent aux Preuosts des Mareschaux la connoissance de certains cas, auec droit de preuention sur les Iuges ordinaires, citez & raportez au long par Montarlot, en son liure des Preuosts des Mareschaux.

Les Presidiaux ont mesme pou-

uoir & Iurifdiction que les Preuofts
de Mareschaux, fuiuant les diuerfes
Ordonnances , defquelles nous
auons fait mention expreffe en noftre traité des cas Preuoftaux , art. 2.
& au 3. eft preuué que les Senef-
chaux *eodem iure vtuntur*, en confequence de l'Ordonnance de l'an
1549. Ainfi, puifque les Preuofts des
Mareschaux peuuent vfer de preuention fur les ordinaires, *idem dicendum* des Prefidiaux & Senef-
chaux, *aliàs*, leur Iurifdiction ne feroit égalle à celle defdits Preuofts.
Cette queftion eft formellement decidée en leur faueur, par l'Arreft du
grand Confeil , cité en la queftion
precedente, les parties fe feruirent
de la procedure du Iuge Royal de la
Preuofté d'Acqs, pour faire voir que
les Prefidiaux n'auoient pû vfer de
preuention , & fans y auoir , ils ob-
tindrent en caufe.

QVE

QVESTION XXXVII.

Si tous cas Royaux sont Preuostaux.

Negatiue respondendum est. Voicy au vray les cas Preuostaux.

Primò, les Preuosts des Mareschaux connoissent Preuostablement, Souuerainement, & en dernier ressort, de tous les delits commis és Camps & Armées par les Gens de Guerre, qui sans congé ou par congé, ou cassement, foulent, & oppriment le peuple, & commettent autres actes, & generalement de tous ceux qui tiennent les champs. Edit de Charles IX. de l'an 1564. pource que la Police & Iustice des Gens de Guerre est attribuée aux Connestables & Mareschaux de France, qui en sont les princi

principaux Officiers, & par confe-
quant les Preuofts, les feuls & vrays
Iuges.

Montarlot Preuoft Prouincial de
Sens en fon liure intitulé *Le Preuoft
des Marefchaux*, expliquant ce premier cas dit, que les Preuofts des
Marefchaux n'ont befoin de preuention, qu'ils en connoiffent priuatiuement à tous Iuges, il eftend
leur pouuoir, generalement contre
tous ceux qui tiennent les champs,
foit Gens de Guerre, ou autres, quoy
que par l'art. 7. de l'Edit de Rouffil-
lon, la connoiffance ne leur foit
donnée, que pour les delits commis aux Camps & Armées du Roy,
par Gens de Guerre & autres. De
forte que hors de là, fi le cas n'eft
Preuoftal, les ordinaires en connoiftront. Voicy les termes du fufdit
art. 7. [Connoiftront les Preuofts des
Conneftables & Marefchaux de
France,

France, & leurs Lieutenans priuatiuement à tous Iuges, de tous crimes
& delits commis en nos Camps &
Armées, par Gens de Guerre & autres.] Cette Ordonnance causa vn
grand conflict en 1637. entre le Vi-
Seneschal des Lânes & nostre Presidial, sur ce que les nommés Colin,
Mirasson & quelques autres soldats
du Regiment de Bearn, se debande-
rent du Bourg du saint Esprit de
Bayonne, où ils estoient en garni-
son, commirent quelques excez, en
orthe les peuples s'en saisirent, & le
remirent en nos prisons. Il fut informé à nostre requeste, le Vi-Senes-
chal les demanda en qualité de Preuost d'Armée. On luy opposa que
ayant delinqué hors leur quartier,
en vertu de l'Ordonnance de Rous-
sillon, & Edit du Roy Louys XIII.
de l'an 1629. on auoit pû les arrester,
& faire le Procez. Le Seigneur Duc
d'Espernon

d'Efpernon, comme Colonel General de l'infanterie Françoife , luy
donna des Ordonnances fauora-
bles , mais inutilement , puis qu'ils
furent par nous iugez.

Quelques-fois les Officiers de
Guerre pretendent qu'ils foient
feuls Iuges des foldats delinquans.
De fait , le Regiment de la Reyne,
eftant en Garnifon en noftre ville
d'Acqs , deux furent capturés à noftre Requefte , de l'autorité du Prefidial , pour raifon d'vn meurtre
commis fur la perfonne d'vn pauure
Payfant , le Commendant les demanda , on luy fît voir par les Reglemens, qu'il ne pouuoit pretendre
autre chofe, que d'affifter à l'inftruction & Iugement du Procez , l ire-
fufa : Apres trois fortes d'interpella-
tions , le Prefidial rendit Sentence,
portant relaxance, pource qu'ils fe
trouuerent innocens.

Secundò,

Secundò, Les Presidiaux, Seneschaux & Preuosts des Mareschaux connoissent de tous Vagabons, Gens sans adueu, Bannis & Essorillez, & des voleries commises sur chemins publics, & leur peuuent faire le Procez en dernier ressort.

Tertiò, Ont Iurisdiction & connoissance contre les guesteurs des chemins, auec cette difference, que celle des Presidiaux & Seneschaux, & contre ceux qui quittent & commettent des crimes Preuostaux, tant és Villes, qu'és champs, & les Preuosts ne connoissent que de ceux qui sont perpetrez à la Campagne, & non és Villes, quoy que Montarlot par des raisonnemens chimeriques, tache de les rendre competans de tous, sans distinction quelconque : Mais il demeure conuaincu par les Ordonnances de Paris en Octobre 1563. & Edit de 1564. qui

ont

ont derogé à celle de Fontaine-
Bleau de l'an 1559. ſur laquelle il ſe
fonde, portans cette condition contre les Preuoſts des Mareſchaux, au
cas qu'ils ſoient prins & apprehendez, & le delit commis hors les Villes de leur reſidence.

Quartò, Le ſacrilege auec fracture
eſt de leur gibier, Ordonnance cy-
deſſus alleguée de l'an 1559. & s'il
n'y a fracture, ils ſont incom-
petans.

Quintò, L'aggreſſion auec port
d'Armes, Ordonnances d'Henry II.
à Fontaine-Bleau au   Feurier
1549.

Sextò, Ont Iuriſdiction contre
les Faux monnoyeurs, Fabricateurs,
Adherans & Complices, par l'Ordonnance miſe en la Conference,
au titre des Preuoſts des Mareſchaux §.5. *num.*5.

Septimò, Connoiſſent du port
d'Armes

d'armes public, quand aucuns s'af-
semblans iusques au nombre de
sept ou de dix, & au dessus, ainsi
que l'explique Montarlot, font des
Monopoles & assemblées illicites,
contre le seruice du Roy, le repos
public, la vie & biens des particuliers : Ordonnances raportées par
Fontanon & Code Henry. Il faut
que pour rendre ce cas Preuostal,
que l'assemblée soit faite en intention de mal-faire, nous en auons
parlé, au traité des Preuostaux, pour
le port d'armes priué & particulier,
c'est à dire, qu'vn chacun porte
pour sa deffence. Les Preuosts n'en
ont connoissance, notamment en
la Seneschaussée des Lannes, à raison du priuilege accordé aux Habitans par Henry I I. en 1547. de s'ar-
mer, nonobstant les Edits à ce contraires, ausquels il derogea, le sus-
dit priuilege est aux Archiues de

G

l'Hoſtel de ville d'Acqs.

Octauò, Connoiſſent contre les contreuenans aux Edits des Duels. Bouuot tome 2. *in verbo*, Preuoſts des Mareſchaux q. 9. Ce qu'il faut entendre d'vne Iuriſdiction ordinaire, à la charge de l'appel aux Parlemens, chacun endroit ſoy, ſelon l'art. 18. de l'Edit des Duels, & rencontres, fait par le Roy Louys XIV. à preſent regnant, en Septembre 1651. verifié au Parlement de Guyenne, ſceant à la Reolle le 15. Decembre 1653. publié & enregiſtré en la Cour de noſtre Seneſchauſſée d'Acqs le 5. Auril 1654.

Voila les huict cas Preuoſtaux, les ſept premiers ſe iugent en dernier reſſort, le huictiéme eſt ſujet à l'appel aux Parlemens.

Montarlot, en conſequence de la Declaration du Roy Henry III. à Paris en Ianuier 1585. ſouſtient que le Rapt

Rapt & incendie, font cas Preuoftaux. Pour le conuaincre, fuffit de
dire que la fufdite Declaration eft
locale pour le Preuoft de Langue-
doc, laquelle ne peut eftre eftenduë,
fans permiffion du Roy. Ainfi les
Preuofts, autre que celuy de Lan-
guedoc, ne connoiftront du Rapt
Incendie, par Arreft de Paris, duquel fait mention le Gloffateur de
Imbert, fur le dernier chapitre du
liure 3. a efté iugé en faueur d'vn
Preftre, que le Boutefeu n'eftoit delit priuilegié. Et Bouuot tome 2. *in*
verb. Rapt *q.* 3. preuue clairement
que le Rapt n'eft pas cas Royal.

Quelques Preuofts font fi har-
dis de connoiftre des Contreuen-
tions faites aux Ordonnances prohibitiues des chaffes. Montarlot eft
contraint accorder que les Ordonnances de Paris en Decembre 1538.
d'Henry II. à Fontaine-Bleau 1549.

de Villers-Coterets en 1542. lesquelles leur attribuoient cette Iurisdiction, ne font receuës & n'en ont
iamais ioüy, qu'elle appartient aux
Maiftres particuliers des Eaux &
Forefts, en chacun Baillage & Se-
nefchauffée, en confequence de
l'Edit d'Henry II. en Fevrier 1554.
nos Habitans d'Acqs ont priuilege
expres de chaffer par tout le Dioce-
fe, inferé au vieux Couftumier
pag. 98.

QVESTION XXXVIII.

Si les Preuofts des Marefchaux
peuuent donner des Reglemens
extraordinaires, fans l'aduis,
& Confeil des Prefidiaux.

CE doute impofé en la Chambre
du Confeil de noftre Prefidial,
les

les Officiers en la Mareschaussée di-
foient, que par les Reglemens rendus entre les Prefidiaux & Vi-Senef-
chaux, l'inftruction des procedures
Criminelles leur eftoient laiffées,
que le reglement extraordinaire
eftoit de cette nature, puifqu'il ten-
doit à la confirmation de la preuue,
à la valider par l'impertinence des
obiets, ou à la deftruire, s'ils eftoient
admiffibles.

De la part des Prefidiaux eftoit
reprefenté que tels iugemens eftoiét
de grand poix, pource qu'il falloit
examiner l'exigence du cas. La
preuue contre l'accufé eft que par
l'Ordonnance, apres l'examen de la
procedure, les Iuges eftoient obligez regler le Procez à l'ordinaire ou
extraordinaire, & pour fçauoir fi
elle fe deuoit faire, leur aduis eftoit
neceffaire, *alias* contre l'intention
de l'Ordonnance, les accufez des

cas preuoſtaux n'obtiendroient iamais Sentence de Reglement, en
Procez ordinaires , & l'innocence
feroit opprimée : Cette puiſſante
confideration a donné lieu à certain Reglement des Maiſtres des
Requeſtes, portant que tels iugemens feront rendus en la Chambre du Confeil, de l'aduis des Pre-
ſidiaux , les Officiers en la Maref-
chauſſée y donnerent les mains
en 1655. *& fic* nous concluons
la queſtion propofée par la negatiue.

QVE

QVESTION XXXIX.

Si le grand Conseil connoist des maluersations commises par les Preuosts des Mareschaux en leurs Charges.

LE grand Conseil pretend, sous pretexte qu'il est iuge de la Iurisdiction des Preuosts des Mareschaux & Conseruateurs de leur dernier ressort, qu'il doit connoistre des abus & maluersations, qu'ils commettent en l'exercice de leurs Charges.

Nous estimós qu'il est incópetár, & que la connoissance de tels abus, appartient en premiere Instance à la Iurisdiction des Conneestables, & Mareschaux de France, ou leur Lieutenant à la Table de marbre à Paris, & par appel au Parlement. C'est la

G 4

resolution de Montarlot, fondée sur
les Declarations des Roys Iean , en
1353. de Charles IX. en 1573. & de
Henry III. en 1586. confirmées par
Louys XIII. à Paris , en Nouembre
1618. & Arreſt du Priué Conſeil du
7. Auril 1626.

Les termes de l'Arreſt ſont conſi-
derables, en ce que defféces ſont faites aux Cours Souueraines, prendre
connoiſſance en premiere Inſtance
deſdits abus & maluerſatiós, d'où les
Parlemens tirent cette conſequence, que chacun endroit ſoy en con-
noiſtra Appel. Ils ſe fondent auſſi,
ſur ce que par autre Arreſt du 16.
May 1608. contenant Reglement
entre le Vi-Seneſchal,& les Officiers
du Conté & Seneſchauſſée d'Arma-
gnac, les Iuges Royaux ordinaires
ſont fondez de Iuriſdiction , connoiſtre contre les Preuoſts en premiere Inſtance & *ſic*, l'Appel ſe rele-
uera

uera au Parlement de leur reſſort, pource qu'ils ſont conſtitués pour iuger les Appellations des ſub-alternes.

QVESTION XL.

Si le proche peut eſtre contrains, pourſuiure les Accuſez du meurtre commis ſur la perſonne de celuy auquel il ſuccede.

LE Droit Ciuil decide là queſtion propoſée par l'affirmatiue, priuant l'Heritier de l'heredité, lors qu'il refuſe venger la mort de ſon autheur. Le deffaut de la pourſuitte le rend poſſeſſeur de mauuaiſe foy, ſelon les conſtitutions des Empereurs Seuere & Antonin. *In l. 1. Cod. de his quibus, vt indig. his verbis hære-des, quos necem Teſtatoris inultum omi-*

G 5

siffe conftiterit, fructus integros cogantur reddere. Neque enim bonæ fidei poffeffores ante controuerfiam illatã videntur fuiffe.

En France *alio iure vtimur*, l'Heritier ne pourfuiuant ceux qui ont tué fon Autheur, n'eft priué de fa fucceffion. Nous fuiuons la Rubrique du Code, *Vt nemo, inuitus, agere, vel accufare cogatur. Pap. liu. 24. tit. 2. art. 1. Fab. in d. Rub. deff. 1. Illud tamen, inquit, ex veteri iure incorruptum remanet, quod accufare, id eft criminaliter, agere nemo vnquam cogitur, quod in ea re, non tantum ius rei, fed etiam Accufatoris, periculum vertatur.*

QVESTION XLI.

Si le crime est prescript par vingt ans.

SEmble d'abord que le Criminel n'est pas capable d'acque-
rir cette prescription, puisqu'il pri-
ueroit contre l'intention des Loix
le public, de la punition exemplaire
que son crime merite.

Nous tenons que toute accusation Criminelle se prescript par 20.
ans, *l. quærela & ibi Doctores, Cod. ad
leg. Cornel. de Fals.* La Iustice plaine
d'humanité, benigne & clemente,
considerant les peines, remords,
inquietudes, & les desespoirs, que
le souuenir du crime, a fait souffrir
aux coulpables, l'espace de vingt
ans, ne veut pas les affliger dauan-
tage, par vne nouuelle recherche
pour

pour enorme qu'il foit , elle rend
non receuables les Accufateurs , fi
la prefcription eft accomplie , *à die
commiffidelicti, Marfiliis confil.*87. *n.*18.
contre la refolution de Natta, confil. 225. fouftenant qu'elle ne com-
mence que *à die fcientiæ.* Elle paffe
pour erronée , quoy que fondée fur
la doctrine de Bart. *in l. eum qui , ff.
de iur.iur. quia regulariter omni præfcri-
ptio currit ignoranti.* Le Parlement de
Bourdeaux a iugé la queftion propofée en faueur des Criminels , les
ayant relaxés, à raifon de la prefomption de vingt ans, par les Arrefts
de 1518. & 1519. defquels fait mention Boër. *quæft.* 26. *Omne crimen,
inquit, Accaff. tam iure ciuili , quam de-
cretis fupremarum Curiarum totius mun-
di , præfcribitur triginta annis , & hæc
opinio neminem habet. In Schola & in
foro contradicentem.*

QVE

QVESTION XLII.

Si la prescription de vingt ans est
considerable, lors que l'Accusé
a esté condamné.

L'Affirmatiue a pour fondement
l'authorité de Balde , *In leg. data*
opera Cod. qui accuss. non possunt. Elle
decide qu'apres vingt ans, le Fiscq
ne peut exiger la peine ; en laquelle
les accusez sont condamnez, *siue in*
re , vel in pecunia pœnæ, sint indictæ.
Brodeau sur Loüet, en la lettre C.
num. 47. raporte vn Arrest du Parlement de Paris de l'an 1586. par lequel, la Cour, sans s'arrester au iugement rendu par Contumace, contre l'Accusé ; le renuoya absous, à
raison de la prescription de vingt
ans. C'est l'opinion de Cremensis
consil. 4. *volum.* 3. *Cossin. dest.* 9. *n.* 12.

Nous

Nous souſtenons que la Sentence contradictoire, ou par Contumace n'eſt preſcripte que par trente ans:
Brodeau au lieu allegué, *argumento
l. aliam de nouat.* pource que la *l. querela,* ſur laquelle l'Accuſé fondé l'exception de la preſcription de vingt
ans, ne parle que de l'aſſoupiſſe-
ment de l'accuſation, & non d'vn
iugement, *& regulariter ſententia non
praſcribitur, niſi 30. annis, Accac. q.132.
n.2 3.* Que les condemnations ſoient
ſujettes à cette preſcription, perſonne n'en doute, apres l'Arreſt du
Parlement de Paris du 10. Auril
1615. par lequel vn homme condemné à mort, deliuré aux Sergens,
pour eſtre executé, *mancipatus carni-
fici,* reprins apres les trente ans, les
priſons luy furent ouuertes. Libret
fait mention du ſuſdit Arreſt.

QVE

QVESTION.

Si la prescription de vingt ans a lieu en toute sorte de crimes, & si elle doit pendant la minorité.

Q Velques-vns ont excepté les crimes attroces, notamment celuy de leze Majesté, Peculat, Homicide de soy-mesme, le Parricide, & Concussion, *crimen supposititi partus.* Car si apres la mort, laquelle abolit, *crimen & pœnam*, on peut agir & proceder contre ceux qui en sont accusez, *à fortiori*, l'accusation sera receuë, apres 20. ans. Ils adioûtent que *in delictis exceptis*, l'accusation est perpetuelle, & que la perpetuité estant opposée au temps prefix de 20. ans, elle passe au de là.

Balb.

Balb. in tract. præscript. in 4. part. q. 2.
Marsiliis in l. qui falsam , ff. ad leg. Corn.
de falsis. Celuy-cy comprend la Sodomie, les Violateurs des Femmes
& des Filles, *& alia crimina, excepta*
& enormia.

Nous suiuons la resolution de
Brodeau, au lieu precitté, portant
que toute sorte de crimes, pour graues & attroces qu'ils soient, sont
prescripts par vingt ans. La mesme
raison se trouue tãt pour ceux là, que
pour les autres, attendu qu'on demeure d'accord que cette prescriptió à deux motifs, l'vn a les inquietudes, souffrances & remords de l'accusé, l'autre son innocence, laquelle ne peut estre iustifiée, la preuue
de la iustification se trouuant affoiblie, ou entierement perduë par vn
si long-temps. Tout cela se peut rencontrer aux crimes attroces, sçauoir
les inquietudes & perte des moyens
iustifi

iustificatifs. C'est la resolution de
Cuias au liure 9. de ses obseruations
chap. 14. en ces termes : *Parricidij cri-*
men praescriptione Vicennij excluditur, &
licèt quaedam sint crimina, quae minori
tempore finiantur, nulla tamen, quamuis
grauia & Reipublicae perniciosa ; ultra
Vicennium porrigi, certa authoritate con-
firmari potest.

Nous en exceptons deux crimes,
primò, celuy de Leze Majesté , pource que le priuilege ou grace de la
prescription descend du droit Ciuil,
qui ne peut lier la puissance souue-
raine des Roys. *Sic Gigas in tract. de*
crim. laes. majest. lib. 1. En second lieu, la
declaration de Louïs XIII. du 14.
Mars 1613. porte, que les coulpables
& complices du crime de duël , ou
leurs vefves & heritiers, ne pourront
pretendre l'extinction après 20. ans,
ny autre temps.

Quant au doute proposé, si cette

H

prescription peut auoir effet, lors que
la partie instigate est presete à les enfans du meurtrier, sont mineurs, il sē-
ble'apparēment qu'elle doit pendāt
la minorité , *quia minores , aduerfus*
præfcriptionem reftituuntur. vulg. l. non
eft incognitum , Cod. quib. non obijc. long.
temp. præfcr.

Mais comme elle n'a lieu que *in*
Ciuili , & que la caufe de l'Accufé eft
plus fauorable que celle de la Minorité , nous concluons qu'elle n'empefche, en cas de crime, le cours de la
prefcription : le droit y eft exprés, *l.*
auxilium, ff. de minor. laquelle deffend
de releuer les Mineurs en fait de crime, pour n'auoir pourfuiuy dans le
temps , *In actionibus competentibus ad*
vindictam ; ceffat reftitutio fummiftæ in
d. l. auxilium.

QVE

QVESTION XLIII.

Si la prescription de vingt ans, exclud la reparation Ciuile.

LEs heritiers d'vn Marchand volé & homicidé, demandent au
voleur les marchandises volées, à
raison de la preuue resultante des
charges & informations, il se deffend
par la prescription de vingt ans, *quid
Iuris.* Cette questió est arduée & difficile à decider. Le Parlement de Paris
fauorise l'Accusé ; Expilly trouue
estrange son obseruance.

Ceux qui combattent cette prescription, se fondent sur ce que, en
matiere criminelle, il y a deux inte-
rests ; l'vn public, tendant à la vengeance & punition du crime ; celuy-
là compete au Procureur du Roy ;
l'autre Ciuil, competant à la partie

interessée , lequel il doit obtenir ;
la Loy *Querela* , ne parle que du premier , abolissant la peine par la prescription ; mais pour l'autre, concernant les Marchandises dérobbées,
l'action dure 30. ans , comme per-
sonnelle , quoyque le crime soit
estaint,on peut proceder par action
Ciuile , & demander les choses des-
robbées iusqu'à 30. ans ; suiuant la
constitution de Iustinian, *in l.1. ver-*
sic.nemo. Cod.de ann.præscript. & la doctrine de Iean Faure *in d. l. Querela* ;
Arrest de Paris du 22, Mars 1552. duquel fait mention Brodeau *d. litt. C,*
num. 47. par lequel , encores que la
Cour eust declaré le crime de vol
prescript par vingt ans,elle renuoya
neantmoins les parties perdeuant le
Iuge , pour proceder ciuilement sur
la repetition des choses pretenduës
volées.

Nous concluons auec Brodeau,
quoy

quoy que par les anciens Arrests, la partie fust receuable à demander ses interets ciuils, nonobstant la prescription de 20. ans, neantmoins cette Iurisprudence a changé par les derniers Arrests. La prescription a esté iugée si fauorable, qu'elle estaignoit non seulement le crime, si atroce & enorme qu'il fust, mais aussi l'action Ciuile, *Pro persecutione vindictæ priuatæ, sed & Rei familiaris, siue damni pecuniarij.* Loüet rapporte vn Arrest celebre du Parlement de Paris; & Chenu en ses questions notables q.98. asseure que par infinis Arrests, cette question est decidée en faueur des Accusés.

Cette resolution est fondée sur deux raisons; la premiere se prend, de ce que le motif de cette prescription n'est autre que l'innocence de l'Accusé; il est presumé immune du crime, attendu que la Loy estime

H 3

que aprés vingt ans , les preuues de
la iuftification font perduës , ainfi,
pourquoy le rendre refponfable des
interefts Ciuils? fi vn fi long-temps
le rend prefumptiuement innocent,
non feulement du meurtre , mais
auffi de la volerie. *Secundò* , la reparation Ciuile, dommages , interefts,
reftitution de biens , font acceffoi-
res du crime , *& fic* , celuy-cy ofté,
les autres ne fubfiftent.

QVESTION XLIV.

Si l'Accufé peut recriminer contre fon Accufateur.

C'Eft vne des conftantes maxi-
mes du Palais , qu'vn Criminel
n'eft pas receuable à recriminalifer
fa partie, auant qu'il fe foit iuftifié
du crime duquel il eft accufé. Expilly

pilly chap. 71. raporte deux Arrests,
Papon liu. 24. tit. 2. *num.* 7 asseure que
les Parlemens n'approuuent l'exception de quelques Docteurs, qui
decident, *dari recriminandi licentiam*
reo, si suas aut suorum iniurias perse-
quatur.

Nostre maxime, outre les Arrests, a pour fondement le Droit
Canon, celuy du Digeste & du Co-
de. *Can. neganda* 3. *q.* 3. *l. is qui reus,*
ff. du public. *Iudic. l. neganda, Cod. qui*
accusare non possunt.

Elle souffre deux limitations, la
premiere. Le Criminel pretendant
auoir esté excedé par sa partie, est
receuable à faire informer, decreter
& interroger, selon la remarque de
l'Additionnaire de Papon, au lieu
allegué, nostre Pratique est telle, &
apres les auditions reciproquement
renduës, le Iuge regle les qualités
des parties, declarant le Deman-

deur en excez. *Hoc fit gratia minuen-*
darum litium, in connexis & se inuicem
continentibus, & ne continuitas causæ
diuidatur Ang. in l. qui prior, ff. de Iudic.
in l. quoniam, C. de adult. & in l. 1. Cod.
de calum.

La seconde l'imitation est, lors
que la recrimination paroit plus
graue que l'accusation, & s'il s'agist
de crime public. *Azor. in d. l. is, qui*
reus. Marian. in cap. 1. num. 67. de mu-
tua petitione Pap. dict. loc. Ayroüil lib. 3.
cap. 25.

QVE

QVESTION XLVI.

Si refus fait par l'Accusé de respondre aux interrogatoires du Iuge, porte conuiction du crime.

L'Accusé mené deuant le Iuge, refuse de repondre aux Interrogatoires qui luy sont fait sur les Charges & Informations, *quid agendum.* Il y a trois opinions. *Iul. Clar. q.45.n.6.* resout que le Iuge peut & doit le condemner à la torture, & par la force des tourmens, le contraindre à rendre son audition affirmatiue, *vel negatiue.* Il est suiuy de Balde *in l. accusationem, Cod. qui accusare non possunt, Capicius decis.145.*

Ayraut liu. 3. chap. 26. est d'aduis de passer à la condemnation, pour-

ce que l'Accufé par fon filence, ap-
prouue le crime, neantmoins aucun refifte à la condemnation,
il confeille au Iuge luy faire plufieurs interpellatiós, & à diuers iours
de refpondre, apres l'auoir interpel-
lé, luy ordonner & condemner rendre fes refponces, luy declarer que
autrement il fera paffé outre, &
que les faits, fur lefquels il fera en-
quis, & dont les tefmoings le
chargent, feront tenus pour con-
feffez, de tout cela, il en doit dref-
fer fon Verbal, & le mettre en bonne forme.

Autres eftiment qu'il faut en ce
cas faire le Procez à l'Accufé, comme s'il eftoit muet, luy donner vn
Curateur, auec lequel toutes les in-
ftructions fe fairont. Thuneau raporte quelques Arrefts confirmatifs
de cette pratique.

Nous decidons la queftion propofée

posée en distingant. Il y a preuue
contre l'Accusé ou non, au premier
cas, la confession induite par le silence, fait qu'il y a lieu de proceder à
la condemnation. *Confeſſio iunĉta pro-*
bationi, operatur condemnationem. Ricc.
traĉt. de confeſſ. cap. 8. Au second, faudroit se seruir de la torture, ou auoir
recours à l'ordre estably contre les
muets accusez, *Ne tacendo, crimen*
euitaret, ſic. Ricc. loc. cit.

QVESTION XLVI.

Si l'Accusé peut recuſer tous les Officiers d'vn Siege.

NOus auons veu souuent en nostre Siege Presidial des Recusations generales, proposées par
les Accusés, tant contre les Officiers
que Gradués, Iuges subalternes; sur
quoy

quoy on n'a rien eſtably de certain.
Quelquesfois les Sieurs Officiers ſe
ſont arreſtez, ont receu les recuſa-
tions, icelles reſponduës & enuoyé
le Cayer, auec les reſponces, au plus
prochain Siege Preſidial, pour les
iuger, il fut pratiqué de la ſorte en
la cauſe des Saphores les Recuſa-
tions deſquels furent iugées à noſtre Requeſte, au Preſidial de Baſats.
Ce procedé ſemble eſtre fondé en
Iuſtice, en ce que c'eſt vn remede
du Droit, pour empeſcher que les
ſuſpects, ne demeurent Iuges, & il
ſe peut faire que tous le ſont, *conſe-*
quenter, l'Accuſé eſt receuable à les
recuſer, *alias, reus priuandus eſſet re-*
medio iuris, quod abſurdum, à l'exemple du Sinode, les aſſiſtans & opinans duquel peuuent eſtre recuſez,
ſuiuant la commune reſolution des
Docteurs, qui blaſment la Gloſe du
chap. 1. de Iudic, laquelle a eu vn
ſenti

sentiment contraire. *Sic Anch. in d.*
cap. 1. Boër. 269. n. 1.

Nous tenons cette pratique plus
iuste que d'ordonner que le Recusant se restraindra au tiers des Iuges,
ainsi que ie l'ay veu pratiquer souuent en nostre Presidial. *Primò,* peut
estre que les Iuges qui composeront
ce tiers, seront suspects. *Secundò,*
Les recusations generales ne les gre-
uent pas, car s'ils sont suspects, ce seroit commettre vne haute iniustice,
que de prendre connoissance du delict, duquel le Detenu est accusé.
Que si, tout au contraire les Chefs
de recusation sont impertinans, il
n'y a rien de perdu, le plus prochain
Siege, deboutant le recusant, ils demeureront iuges.

Nous sçauons bien qu'on fonde
cette pratique sur certaine Ordonnance, reiettant les recusations generales, & sauf à l'accusé se restrain-
dre

dre au tiers des Iuges, qui iugeront
les recusations proposées contre les
autres. Elle se trouue au liu. 3. tit. 1.
num. 23. des Ordonnances Royaux,
dattée 15. Octobre 1566. elle est locale, pour la Bretagne, & *sic* ne peut
estre estenduë au de là.

QVESTION XLVII.

Si autre que le Mary peut accuser la Femme d'Adultere.

QVoyque par l'ancien droit, le
crime d'Adultere, comme pu-
blic, soit permis *Cuilibet de populo*, se
rendre Accusateur *l. 1. ff. de public. Iudic.*
toutesfois, ainsi que remarque Go-
mez *super leg. 8. tauri, num.* 49. *Hodie
crimen est priuatum.* Le Mary seul peut
accuser la Femme d'Adultere. *Adul-
teri crimen graue esse & odiosum constat;
ideò soli marito, cùm eius pudorem &*
æstima

æstimationem lædat , & sit genialis thori vindex. Vindictam & persecutionem leges relinquunt. Bross.in l. Quamuis, Cod. ad leg. Iul. de adult.

De sorte que si le Mary, sçachant certainement le mauuais gouuernement de sa femme, faint de ne le sçauoir pas. *Et adumbrans patientiam suam, prætextu suæ incredulitatis ; vt in l. si maritus, de adult.* il ne s'en est plaint pendant sa vie , les heritiers ne seront receuables d'opposer ce crime à sa Vefue ; selon la doctrine de Boier. *decis.* 338. & les Arrests du Parlement de Bourdeaux, qu'il cite des années 1517. & 1528. celuy de Paris a prejugé la question de fraische datte en faueur de la femme de Pelorce. *Hæres mariti morum fæminæ correctionem non habeat. Vulgos. in l. Rei iudicatæ, ff. solut. matrim.*

Cette resolution souffre vne limitation notable : Iaçoit que de droit,

le

le repos du Mariage ne puiſſe eſtre troublé par des accuſations, contre l'vn ou l'autre des conjoints, *Ne benè concordans, matrimonium turbetur.* Toutesfois ſi l'adultere eſt public, & cauſe ſcandale, que le Mary ſoit abſent puis long-temps, que pendant ſon abſence, la femme ait fait des enfans, en ce cas le Procureur du Roy la peut pourſuiure criminellement. *Fab. deff. 4. tit. ad leg. Iul. de adult. ad procuratoris, inquit, officium pertinet, vt Rem deferat & crimen, quòd publicè ſcandalo ſit, malóque exemplo coerceri curet, ſed ita demum, ſi præcedat diſfamatio.*

QVE

QVESTION XLVIII.

Si la Femme accusée d'Adultere par le Mary , luy peut opposer qu'il est luy-mesme taché de ce crime.

EN faueur de la femme est repreſenté, que ſuiuant le ſentiment des Canoniſtes citez par Boſſius Bernabite , *tract. de effect. contract. matrim. cap. 1. de coniugum Iur. exigend. &) obligat. redd. deb.* Par la nature du Contract. de Mariage, le Mary & la Femme ſont reciproquement obligés *fidem ſeruare*, & le Mary violant la fidelité de ſa part, par la maxime, *frangenti fidem, fides frangatur eidem.* il eſt ſans action contre ſa femme, lors qu'à ſon exemple, elle ſe rend adultere. C'eſt le ſentiment de S. Auguſtin, *lib. de ſerm. dom. Nihil iniquius eſt*

I

quàm causa fornicationis dimittere vxo-
rem , si & ipse conuincitur fornicari ; oc-
currit enim illud in quo alterum iudicas,
teipsum condemnas.

Aussi les Iurisconsultes estiment,
que comme l'Adultere est deffendu
aussi-bien au Mary qu'à la femme,
Viro non licet quòd vxori non licet : ea-
dem à viro quæ ab vxore debetur ca-
stimonia. Vlp. in l. si vxor. §. si Iudex, ff.
ad leg. Iul. de adult. Aussi il ne seroit
pas iuste receuoir le Mary accuser sa
Femme d'vn crime dont il est luy-
mesme coulpable. Papinian com-
pense leur faute , *l. viro , ff. solut.*
matrim.

Nous tenons que la Femme ne
peut se deffendre de l'accusation
d'adultere faite par le Mary , sous
pretexte qu'il est luy-mesme conuaincu de ce crime , pource que les
delicts ne sont abolis que par l'innocence , & non par la Recrimination,

tion. *Non Relatione criminis , sed Innocentia Reus purgatur, l. is qui Reus, ff. de
public. Iudic.* Et la compensation n'a
lieu sinon lors que le Mary & la
Femme agissent entre eux Ciuilement. *Gloss. d. §. Iudex :* mais si c'est
Criminellement , *Compensatio nunquam admittitur.* d'autant que l'adultere de la femme est beaucoup plus
atroce & plus dommageable que celuy de l'homme: en vn mot la pour-
suite du Mary ne doit estre retardée
pour quel pretexte que ce soit, non
pas mesme quand la femme met-
troit auant , que pour profiter il l'a
prostitué. *Lenocinium mariti ipsum one-
rat, non mulierem excusat, l. 1. §. si publico, ff. ad leg. Iul. de adult.*

QVESTION XLIX.

Si le rude traictement que le Ma-
ry exerce sur sa Femme, excuse
son Adultere.

GArcias Galeus dit, que de son
temps vne femme voulut se
deffendre du crime d'adultere, par
le rude traictement que son Mary
exerçoit sur elle, duquel ses voisins
estoient témoins irreprochables. La
Iustice se moqua de cette exception,
comme contraire à la Loy, de la fidelité jurée & promise à son Mary, en
presence de Dieu au iour de leurs
Nopces. Cette Loy est si generale,
qu'elle ne souffre d'exception alleguée; moins celle de la necessité &
de la faim mesme ; il vaut mieux
souffrir tous ces maux, *quàm prodito-*
riè

toriè *fidem & iuramentum violare, ergo
vxor adultera, adducendo viri fæuitiam,
paupertatem & neceffitatem famis, non
poteft euadere pænam legibus in adulte-
ras conftitutam,* Parif. confil. 2 3. num. 45.
& 60. Bolong. confil. 2 3. Menoch. confil. 31. num. 30. 32. *debuit potius omnia mala pati, quàm mala confentire,* gloff. cap.
*ex litteris, in verb. compulfa de diuort.
l. palam,* §. *non eft ignofcendum,* ff.
de rit. nupt.

QVESTION L.

*Si le mary peut impunément tuer
celuy qui adultere auec
fa femme.*

LEs Canoniftes fondez fur les rai-
fons fuiuantes, difent que non.
Primò, Il y a grande raifon de douter du falut de celuy qui eft tué. *Se-*

cundò, Le mary peut *aliunde* eſtre plainement ſatisfait de l'iniure qui luy eſt faite, remettant le paillard à la Iuſtice, de laquelle il doit eſperer condemnation, portant peine afflictiue. *Tertiò*, C'eſt expoſer le mary & l'adultere au coupe-gorge. Villalob. *littera M. num.* 2 3.

Au contraire, les Legiſtes permettent au mary tuer celuy qu'il ſurprend en adultere auec ſa femme, *in ipſa turpitudine*, le dechargent de la peine de mort, eſtablie contre les homicides, *propter iuſtum dolorem. Secin. conſil.* 34. *Pariſ. conſil.* 154. Automne ſur le titre du Code de *adult.* aſſeure que ce cas eſt remiſſible, raporte pluſieurs Arreſts.

Que ſi l'Adultere ſe mettoit en deffence & tuoit le mary, on doute s'il ſeroit puniſſable de mort. Ceux qui tiennent la negatiue, ſe fondent ſur ce que le meurtre eſt inuoluntaire,

luntaire, fait *ad fui tuitionem.* Nous
tenons l'opinioin contraire, pource
que commettant l'Adultere prohibé par les Loix, il assume toutes les
suites & s'en rend responsable. *Au-*
thor. est culpæ & ab eo incipit malitia.
Blanc. tract. de homicid. Casuali. Automne en ses additions *d. loc.* asseure
que cette question fut decidée contre l'Adultere condámné à mort en
1620. par Arrest de Bourdeaux.

QVESTION LI.

Si le mary peut impunément tuer
sa femme grosse surprinse
en Adultere.

LA raison de la negatiue se
prend, de ce que, si les Loix permettent tuer la femme trouuée en
Adultere, c'est en consideration du

tort qu'elle fait à ſon mary, violant la Foy du Mariage, & du traſport auquel il ſe trouue reduit, la ſurprenant en Adultere : De ſorte que le crime de la femme innocente le mary : Mais au regard de l'enfant, qui eſt dans le ventre de la mere, n'eſtant pas coulpable, *cum in eo nulla ineſt macula*, par la mort de la mere : Il ne deuoit perdre la vie, le mary ayant exercé ſa vengeance ſur vn innocent. *Reus eſt mortis.*

L'Additionnaire de Iul. Clar. §. *Homicidium in litter. trip. M.* eſt d'vn aduis contraire, ſouſtient conformement à l'opinion de Carer. *in prax. crim.* §. *Homicidium* 6. *num.* 37. 38. 39. 40. qu'en cette rencontre le mary ne doit entrer en conſideration de la groſſeſſe de ſa femme, le cas eſt remiſſible, à raiſon du tranſport & de la colere, cauſés par la ſurprinſe de la femme en Adultere. Le deſir de

ſe

se venger de l'iniure ne luy permet pas de considerer l'estat de la femme. Bald. *in l. Imperatorem, ff. de stat. homin. Ceph. consil. 305.*

QVESTION LII.

Si le Meurtre commis par le pere sur la personne de sa fille mariée, trouuée en Adultere, est remissible.

L'Affirmatiue ne peut souffrir aucune difficulté, apres la resolution de Papinian & Vlpian. *in l. patri cum tribus sequent. ad leg. Iul. de adult.* Pourueu que les diuerses circonstances remarquées par les Docteurs prinses du sens & intelligence desdites Loix, soient concurrentes. En premier lieu que le pere, *vno ictu & vno impetu, vtrumque occidat æquali ira aduersus vtrumque*

I 5

sumpta , que si neantmoins apres auoir tué le paillard , la fille s'enfuit , & le pere poursuiuant , *interpositis horis* , la tue, *incontinenti videbitur occidisse* , en second lieu , la fille doit estre sous la puissance du pere. *Tertiò* , qu'il l'a tue en sa maison ou en celle de son Gendre, *Quia maiorem iniuriam putauit legislator quod in domum patris aut mariti ausa fuerit filia adulterum inducere.* *Quartò*, il faut que la fille soit mariée. *Quintò* , que le pere les surprenne, *in ipsa turpitudine* ; c'est à dire, aux termes de la *l. quod ait* , *ff. Cod. in ipsis rebus venereis.*

QVE

QVESTION LIII.

Si l'Absent & Contumax peut estre deffendu par ses parens.

AYraud tient l'affirmatiue, pour-ce que si par la *l.* 34. *ff. de procu-rat. & l. 3. ff. de accusat.* les Accusés peu-uent estre deffendus par Procureurs, ce seroit estre injuste, exclurre le fils, deffendre le pere, ou le pere le fils, le mary la femme, & generalement ceux ausquels la proximité donne le pouuoir de procurer pour les siens, outre que de leur chef ils ont inte-rests en la cause, en ce qu'ils pren-nent part en la reputation, integri-té ou infamie de leurs parens, quoy-que timides ou deffaillans en Iustice, *Qui sua interesse dicit propriam causam deffendit.*

Cette opinion est purement er-

I 5

ronée, le contumax & deffaillant ne
peuuent comparoiſtre & deffendre
par Procureur, en matiere de crime.
Mornac. in d. l. 34. ff. de procurat. l. penult.
ff. de pub. Iudic. & quand les parens ſe
ſont preſentés à cette intention, les
Parlemens les ont declarés irreceua-
bles, & paſſé outre à la contumace.
Les Arreſts rapportés ſur icelle par
Automne, & celuy de 1602. duquel
fait mention Peleus liu. 4. action 61.
confirment cette verité, fondée en
Iuſtice, pource que le crime demeureroit impuni, ſi l'Accuſé tenans les
champs, eſtoit deffendu par les parens. *Croſſ. in prax. de ord. Iudic. in*
Reos, cap. 7.

QVE

QVESTION LIV.

Si aprés les accaremens faits,
l'Accusé peut objecter les
tesmoins.

LA negatiue a pour fondement les Ordónáces Royaux d'Anne-uille art. 333. 336. & 339. & de Villiers-coterets, art. 54. 55. & 58. Elles portent que les objets seront fournis par les Accusés sur le champ, *alias*, ne sont receuables à les proposer. Nos Roys, à l'exemple des Empereurs Romains, ont pouuoir de prescrire & ordonner la forme des procedures extraordinaires, aussi-bien que les ordinaires. *Dabimus formam, vnusquisque Iudex sequetur. l. 11. de exhib. Reis, Cod Theod.*

Nous souscriuons l'affirmatiue par cette raison, que le seul remede qui

qui reste à l'Accusé pour justifier son
innocence, est d'objecter les témoins
& ne les connoissant pas pour ne les
auoir jamais veu, ny sceu qu'ils ayent
deposé contre luy , il ne sçauroit les
reprocher ; peut-estre qu'ils sont infames, corrompus, parens de l'insti-
gant : ainsi ne seroit pas iuste que le
temps momentané , prefix par les
Ordonnances luy soit prejudiciable.
Vbi agitur de summa rerum , de la vie,
& hôneur de l'Accusé. Doncques les
Compagnies de Iustice Souueraines,
ausquelles appartiêt, *Mitigare leges &*
mitius iudicare, doiuent ordonner, que
par le ministere du Procureur du
Roy , il sera informé sur la qualité
des tesmoins inconnus à l'Accusé,
ou que luy-mesme sera receu de
donner de noutueau des objets s'il
en apprend. Expilly chap. 31. de ses
Arrests , aprés auoir examiné l'im-
portance de la matiere, est de cét
                                    aduis

aduis, asseure que le Parlement de Grenoble a preiugé la question, en faueur de l'Accusé, par Arrest du 1..Octobre 1549.

QVESTION LV.

S'il est permis au Iuge suppleer ex officio, *des objets contre les tesmoins en faueur de l'Accusé.*

COmme vn bon Iuge est obligé de trauailler pour l'accusatiue & justificatiue du criminel, qu'il vaut mieux absoudre dix coulpables, que condamner vn innocent, il doit auoir autant ou plus de soin de l'innocence que du crime, *l. absentem, ff. de pœn.* Aussi il opprimeroit l'innoce, si en jugeant le procez, sçachant que les tesmoins sont inhabiles, il ne suppleoit aux reproches obmis par l'Accusé, par ignorance : *aut quia immemor*

immemor fuit salutis suæ. C'est l'opinion du Gloſſateur d'Imbert liu. 3.
chap. 11. *Quia ipſius eſt pro accuſati la-*
borare innocentia, l. ſi non deffendatur, ff.
eod. vbi rectè Vlpian. & qui cognoſcit, de-
bebit de innocentia eorum quærere.

QVESTION LVI.

Si les teſmoins inhabiles peuuent
valablement depoſer.

IL eſt certain qu'oüy en pluſieurs
cas, ſçauoir aux crimes de leze
Majeſté, Hereſie, Simonie, Con-
iuration, Sodomie, & autres attroces, exceptez quand la verité ne
peut eſtre decouuerte, qu'en rece-
uant leurs teſmoignages, *quando ve-*
ritas aliunde haberi non poteſt. Et pour
ſçauoir comment cette impoſſibili-
té ſe doit entendre, les Docteurs
n'en

n'en demeurent pas d'accord, l'o-
pinion de ceux-là est suiuie, *Qui*
dicunt hoc remittendum arbitrio Iudicis,
qui inspecta qualitate personarum nego-
tij temporis & eiusmodi, poterit arbitra-
ri, an veritas aliter haberi possit necne.
Plotus in l. si quando., Cod. vnde vi.
*Mascard. de probat. conclus.*1043.

Cett opinion souffre deux limitations, la premiere, que le tesmoin
inhabille à cause de l'inimitié en
quel crime que ce soit. *Nunquam ad-*
mittitur, licet aliunde veritas haberi non
*possit. Gram.consil.*45. En second lieu,
quand on dit que le tesmoin inhā-
bille est receu, cela se doit entendre,
s'il n'a qu'vne simble inhabilité,
Nam si plures patitur defectus, erit reij-
ciendus, & eius depositio annihilatur,
*Syluan.consil.*81.*Roland.consil.*24. *Grat.*
*consil.*59.*vol.*2. *& multi alij, quos ci-*
tat & sequitur. Bayard. in q... Iul. Clar.
24.*num.*128. Sans que les deffauts du

K

tefmoins inhabilles puiſſent eſtre ſuppleés par les depoſitions d'autres tefmoins irreprochables, *Quia testis ita demum suppletur ex integritate alterius testis, quandō defectus non in totum annullat, sed debilitat testimonium, sed plures defectus annullant in totum testimonium, consequenter non suppletur ex integritate alterius testis. Roland.consil.98.vol.4. Crau. conf.99.*

Conuient remarquer que les depoſitions des tefmoins inhabiles, *ratione vnius inhabilitatis & defectus,* ne font preuue concluante, pour paſſer à la condamnation rigoureuſe de la peine que merite le crime perpetré par l'accuſé. *Sed ad condemnandum ad pœnam extraordinariam, vel ad torquendum, & ita teneas inquit Iul.Clar.q.24.n.19. in fine.*

QVE

QVESTION LVII.

Si les complices font foy l'vn contre l'autre.

EN matiere Criminélle les Complices ne font preuue pour l'innocence ou condemnation. Cette decision prinſe de Boër. *q.* 319. *n.*1. *Neminem poteſt habere contradicentem,* neantmoins ils peuuent ſeruir pour la torture, ſuiuant les Arreſts raportez par Papon liure 22.tit.13. art.2. & 3. Boër. *d. loc.* quoy que les depoſitions des Complices ſoient ſingulieres, *ſufficiunt ad torturam*, notamment és delits graues, & attroces, deſquels fait mention ce Docteur *num.*2. ſçauoir, 1. en crime de leze Majeſté, 2. Sacrilege, 3. Conjuration & Conſpiration deliberée par pluſieurs, 4. en fauſſe Monnoye, 5.

K 2

en Herefie , 6. en Affaffinat. Autres
adiouftent la Simonie , *cap. 1. de teſti-*
bus , & le crime de faux , en confequence des Arrefts de Papon precit-
tez. Nous eftimons qu'il faut fui-
ure l'opinion de ceux qui decident,
que pour queftionner le complice,
Requiritur quod ſit vltra confeſſionem ſo-
cij, aliqua præſumptio referuntur à Boërio
num. 3.

QVESTION LVIII.

Si la declaration extraiudiciaire des teſmoins, prejudicie à la iudiciaire.

L A commune opinion des Docteurs decide , que le Iuge ne
doit adjouter foy à la declaration du
teſmoin faite hors Iugement , ſi elle
eſt contraire à ſa depoſition faite en
Iuſtice,

Iustice, *cum iuramento*, non pas mefme quand elle fe feroit *in articulo
mortis. Grauet.confil.59.num.26. Alex.in
l. Sciendum , in fine , num. 33. de verb.
obligat.* Et s'il affeure auoir depofé
fauffement , ou qu'il a efté corrom-
pu auec argent, pour depofer à faux,
le Iuge ne doit auoir égard à fa confeffion , la premiere depofition demeure en fon entier, *& ex ea ius quæ-
fitum parti, nifi de falfitate & corruptio-
ne alias appareat , inquit Bouerius , in
verb.teftis, num.21.*

QVESTION LIX.

Si la depofition du tefmoin eft en-
tierement rejettable , s'il a de-
pofé fauffement en quelque
chef.

NOus tenons l'affirmatiue , *Hoc*
cafu in totum vitiatur teftimonium,
vt fufpectum , quia iuramentum fuper
quo fundatur, eft indiuifibile , & hanc
communem & receptam effe opinionem,
teftatur Alexander , in l.fi ex falfis , Cod.
de tranfact. Ce Docteur affeure que
cette refolution a lieu , foit que les
articles fur lefquels le tefmoin a depofé, foient conjoints ou feparés.

Elle fouffre deux exceptions ; La
premiere , lors que le tefmoin n'eft
pas conuaincu auoir depofé à faux
fur le fait principal & qualitez effen-
tielles

tielles du crime, ains seulement sur
l'extrinseque *sufficit verum dixisse in
facto principali.* La varieté ou contra-
rieté en l'accessoire n'est considerable. *Alex. consil.47.num.5. lib.3. Decius
consil.5.num.2.*

La seconde exception est, lors
qu'il n'est pas conuaincu de fausseté
par autres tesmoins; & si on la veut
fonder sur ce qu'il a deposé, en ce
cas, s'il y a deux depositions, l'vne
renduë en iugement, l'autre *extra*, le
Iuge adjoûtera foy à la premiere.
Que si toutes deux sont judiciaires,
& directement contraires, *nihil valent, & testis tanquam falsarius puniri
potest.Iul.Clar.q.5 3.* Thuneau rapporte des Arrests de Dijon confirmatifs
de cette exception.

QVESTION LX.

Si on doit adjoûter foy aux tef-
moins,depofans d'vn delict
nuictament commis.

NOus tenons la negatiue, *nifi te-*
ftes dicant, quòd lumen erat accen-
fum, vel quòd Luna lucebat, hocque com-
putatione dierum, verum reperiatur. La
raifon eft, que les tefmoins depo-
fent d'vn fait qui leur eft naturelle-
mét incognû,en ce que les tenebres
empefchent qu'ils ne puiffent voir
celuy qui commet le crime, *& à fe-*
ipfis naturaliter reprobantur. Bayard. in
q. 21. Iul. Clar. Ce fut noftre raifon
concluante au procez de quelques
Bohemes, accufés en May 1655. de
plufieurs crimes, entre autres d'a-
uoir volé de nuit deux hommes, qui
aloient

alloient par eau du lieu de Peyreho-
rad à Baione. *Iul. Clar. num. 3.* adjoûte,
qu'il ne faut receuoir vn tefmoin
pour crime nocturne, s'il dit auoir
connu l'accusé à la voix, *nisi adeò
notam illius habeat vocem, vt decipi
non possit.*

QVESTION LXI.

*Si l'alliance finie, l'allié est tesmoin
receuable.*

Vr la queftion proposée, il y a
deux opinions. La premiere la
decide par l'affirmatiue, fondée fur
ce que l'alliance veritablement eft
vne qualité fufpecte. *Albert. de teſtib.
§.1. num. 16.* Eftant oftée, & le refmoin
n'eftant pas allié au temps qu'il a deposé, fa depofition eft valable, *Quia
vltima qualitas attenditur. Ruyn. con-*

K 5

fil. 188. *Bald. & Ang. in l. qui eorum , §.*
affinitatis, ff. de poft.

La feconde opinion à laquélle
nous adherons, decide que l'alliance
finie, ne rend le tefmoin habile à depofer , pource qu'il eft bien difficile
de croire, que l'affection entre les al-
liés foit enticrement perduë. Le Iuge
confiderera , fi le tefmoin & celuy
qui le produit viuent en mefme intelligence & vnion qu'ils faifoient,
pendant que l'alliance fubfiftoit,
licèt vinculum affinitatis fit folutum, non
tamen diffoluitur in totum amoris vincu-
lum, idque relinquitur Iudici. Tiraq. traet.
ceff. çauf. in 1. *part. num.* 29. Thuneau affeure que le Parlement de Roüen a
rendu plufieurs Arrefts confirmatifs
de cette opinion.

QVE

QVESTION LXII.

Si la Reconciliation destruit l'objet de l'inimitié passée.

ON demeure d'accord que l'inimitié capitale & non legere, est vn reproche pertinant de Droit, *In teste enim inimico timetur omne mendacium* , *Albert. in auth. si testis de testibus.* Cette resolution est tellement approuuée des Docteurs, qu'ils ne souffrent les tesmoignages des ennemis és crimes exceptez. *In cap. per tuas de Simon.* Or comme la hayne presoptiue est le fondement de l'objet, aussi la reconciliation le destruit, *conquenter* , disent quelques-vns, on ne peut legitimement obiecter l'inimitié passée à vn ennemy reconcilié.

Nous tenons l'opinion contraire fondée,

fondée, fur ce que la reconciliation recente n'ofte pas l'effet de l'inimitié precedente. Les Sages ne fe fient pas à vn ennemy reconcilié, il refte toufiours quelques cendres ou racines de l'ancienne querele. L'Hiftoire de Nauarre fournit vn exéple remarquable, des reconciliations feintes & fimulées. Vn Cardinal de Foix paffa en ce Royaume, à deffein de pacifier les defordres caufés par les factions des Seigneurs de Gramont, attachez au feruice de François Phœbus, leur vray & legitime Roy, & de Beaumont, traiftres à la Couronne. Le Cardinal par fes addreffes, reconcilia Pierre de Nauarre, Comté de Peralta, Marquis de Cortez, Marefchal du Royaume, chef du party Gramontois auec Louys de Beaumont, de celuy des Beaumontois. L'accord conclu, il les fit Communier le Ieudy Saint, & prendre

à

à chacun la moitié de la sainte Ho-
stie ; cela n'empescha pas que Beaumont, continuant en sa malice, ne
guestast le lendemain celuy auec lequel il s'estoit reconcilié en apparence, & ne fist ses effors de le tuer prés
la Ville de Tudelle.

Couarruuias *pract. quæst.* 18. *num.* 3.
Iul. Clar. q. 24. sont de cette opinion,
decident qu'vn ennemy capital,
quand il y auroit mille reconciliations, *Nunquam posset dici integer testis*
& omni exceptione maior. Sigismundus
consil. 46. *num.* 27. porte cette limitation, s'il y a trois ans de la reconciliation, en ce cas l'inimitié precedente
ne peut seruir d'object, pource que
pendant ce temps-là, ceux qui se
sont reconciliez, n'ont donné quelque marque d'inimitié, on peut dire que la reconciliation est parfaite,
si elle n'estoit qu'en apparence, ils
n'auroient pû s'empescher de mar-
quer

quer leurs mauuaises intentions.

QVESTION LXIII.

Si la deposition du tesmoin impubere est receuable.

L'Infirmité & foiblesse de l'âge des impuberes, les rend inhabiles & incapables de porter tesmoigna-ge. *Iure Ciuili & Canonico, l. 3. §. Lege Iulia, ff. de testib. c. 1. 4. q. 2. C. forus, §. final. de verb. signif. Cùm infirmum sit impuberum Iudicium à testimonio, repelluntur. Accac. de testib. num. 127.*

Nostre pratique les reçoit, *non vt probent*; mais pour fortifier les depositions des autres tesmoins, & quelquefois leur tesmoignage passe pour suffisant; *ad torquendum. Baiard. in q. 24. Iul. Clar. num. 107. Albertus in l. testimonium, ff. de testibus, sic iudicatum Bur-digalæ*

*digalæ ann.*1529.*testatur Boer.decis.*260.

Albert. adjoûte, que si le delict
ne peut estre autrement veriffié que
par des impuberes, en l'impossibili-
té de la preuue prinse des circonstances du temps & du lieu , *tunc planè
probant.* Cette opinion est trop ri-
goureuse , nous n'auons exemple
qu'aucune Compagnie de Iustice
soit passée à la condamnation, sur
des depositions des enfans ; Bienque
les tesmoins inhabiles *admittantur,
quando veritas aliter haberi non potest.*
Cela s'entend de ceux qui vray-sem-
blablement deposent du crime. *An-
gel.consil.*367. *Crauet.consil.* 35. *num.*7.
Ce qu'on ne peut dire des impube-
res , *quorum cognitio ob ætatis infirmita-
tem incerta & vaxillans præsumitur.Ac-
cac.d.loc. in addit.*

QVESTION LXIV.

Si les reproches fournis par vn des complices , feruent aux au-tres , quoyqu'ils ne les ayent proposés.

PLufieurs accufés de mefme cri-me, vn d'iceux donne des repro-ches contre les tefmoins , & pour eftre pertinens, les depofitions font annullées. *Quæritur*, s'ils feruent aux autres complices. Maynard. liu. 4. chap. 79. decide ce doute par l'affir-matiue. Thuneau rapporte Arreft, contenant adjournement perfonnel contre vn Iuge qui auoit condamné le complice, fans auoir égard aux reproches fournis par autre compli-ce, toutefois les contumax & defail-lans n'en peuuent tirer aduantage, attendu

attendu que cette pratique est intro-
duite en faueur de l'innocence , & la
contumace conuaint en quelque façon les Accusez defaillans, Arrest du
10. Febu. cité par Maynard au lieu allegué *Fulgos. consil. 13. num. 8.*

QVESTION LXV.

Si le Iuge peut sincoper les répon-
ses de l' Accusé:

L E Iuge seroit ignorant ou mali-
cieux , si sincopant les responses
de l'Accusé , il les acceptoit en certains chefs , & les rejettoit par les autres. Il ne peut ny ne doit prendre ce
qu'opere sa condamnation, & mes-
priser les faits iustificatifs. Par exemple , si l'Accusé accorde le meurtre,
adjoûte que c'est *ad sui defensionem;*
en ce cas, ne faut separer la confession de l'exoine, & sur icelle con-

L

damner; pource que la peine n'eſt
eſtablie contre le criminel, *niſi planè*
conuiĉtus vel confeſſus ſit. l. qui ſenten-
tiam, Cod. de pœnis. Or la confeſſion
n'eſt pure & ſimple, *ſed ea adiecta*
qualitate, quòd ad ſui deffenſionem homi-
cidium commiſerit ; & l'Accuſé doit
eſtre admis à la preuue de la qualité
adjacente à la confeſſion. L'homicide eſt vn crime graue, *præſumitur dolo*
commiſſum ; celuy qui allegue l'exception de la deffence la doit prouuer.
vt in l. 1. Cod. ad leg. Cornel. de ſiccar. ibi
qui probauerit, non occidendi animo homi-
nem à ſe percuſſum, eſſe remiſſa homicidij
pœna. Que ſi l'Accuſé ne iuſtifie le
fait juſtificatif, *erit condemnandus, quia*
remanet confeſſio ſimplex, pura, ſine qua-
litate exceptiua. Simanc. de hæret. cap. 63
Marſil. conſil. 136. Socin. in l. non vtique,
ff. de except.

　　Noſtre pratique eſt ſuiuant les
art. 19. 20. 21. titre des Procez Criminels,

nels, en la Conference des Ordonnances, de receuoir les faits iustificatifs, & des reproches de l'Accusé, les extraire, monstrer au prisonnier pour nommer tesmoings, aux fins de la preuue d'iceux, ce qu'il est tenu faire promptement, & consigner somme suffisante au Greffe, en cas de pauureté les Arrests des Cours Souueraines ont souuent preiugé, que la partie instigante est obligée faire les auances.

Conuient remarquer auec Bourdin sur lesdits art. si l'Accusé demande vn bref delay, pour nommer tesmoings on a accoustumé d'équité luy accorder en faueur de l'innocence, estant emprisonné & detenu, il a ce seul remede de s'en souuenir, & les reduire en memoire, que si l'Accusé ne iustifie, *occidisse ad sui defensionem*, & ne conste qui a esté l'aggresseur; en ce cas les Iuges

doiuent faire reflexion, tant fur fa
vie que celle du meurtrier, s'il a
toufiours vefcu en homme de bien,
n'a efté rioteux & quereleux, *Tunc
in capitis pænam confentire non debent,
fed mitius punire*, notamment quand
il appert que celuy qui a efté tué,
*erat rixofus, nec vitæ laudabilis. Fach.
lib.1. cap.27.*

QVESTION LXVI.

*Si les faits iuſtificatifs & des
reproches, peuuent eſtre preu-
ués par des teſmoins
inhabiles.*

L'Accufé admis à la preuue des
faits iuftificatifs, & de reproches, nomme fes parens ou alliez
pour tefmoings, *quæritur*, s'ils font
receuables, Ceux qui tiennent la
negatiue,

negatiue, se fondent sur ce que les
parens & alliez, *testes sunt inhabiles,*
l'affection du sang les rend suspects,
les interesse en l'iniure faite à l'Accusé, *Iniuria facta consanguineo, cense-*
tur ipsi testi communis, Cornel. consil.
172. *Vilalp. cap. 33.*

Nous tenõs l'affirmatiue, la Glosse des Ordonnances citées en la
question precedente, y est expresse,
de droit la paranté & affinité sont
des reproches pertinans, quand il
s'agist d'accusation, *secus* pour les
exoines, l'innocence de l'Accusé exige cette faueur & grace de l'équité,
attamen cum hac limitatione, que le
Iuge ne prendra leurs depositions
pour concluanres, *sed inspecta facti, &*
personarum qualitate eius Religioni relin-
quitur quanta sit eis fides adhibenda. Iul.
Clar. q. 24. num. 20.

QVESTION LXVII.

Si l'Accusé, apres auoir desnié le crime est receuable, proposer des faits iustificatifs.

LEs Iuges qui ne demandent que la perte des Accusez, *ad condemnationem anhelantes*, apres le desny du delit, reiettent les faits iustificatifs. Ils presupposent que l'Accusé les propose, à dessein de gagner temps, que la procedure estant instruite, la preuue ne peut estre affoiblie par des exceptions frauduleuses, *ne fraus fiat legi*. Cette opinion erronnée à pour asserteur Paul. de Castr. *in l. nemo, ff. de except.*

Nous tenans l'opinion contraire suiuons la resolution de Boër. *decis. 164. à num. 10. vsque in fin.* Ce sçauant personnage, apres l'auoir autorisée

toriſée , ſur pluſieurs Docteurs , &
inuectiuée , contre larigueur des Iuges , conclud , *Reum ante ſententiam,*
poſſe proponere feciſſe ad ſui tutelam &
deffenſionem corporis , licet à principio
negauerit , & hoc addat metu probatio-
num poſtea factarum.

Par l'Ordonnance , auant le iugement definitif , le Criminel doit
reſpondre par attenuation , c'eſt à
dire, qu'il luy eſt permis attenuer, &
amoindrir la preuue par des exceptions; ce ſeroit paroiſtre ignorant,
& inhumain , de ne le receuoir à la
deſtruire en quel temps que ce ſoit,
par des faits iuſtificatifs & pertinans , le Droit y eſt exprés , *textus in*
l. vnius, §. final. ibi quamuis defenſionem
quocumque tempore poſtulauerit reo , ne-
gari non oportet , ff. de quæſt. modo hoc
fiat ante ſententiam ex mente gloſſ.

QVESTION LXVIII.

Si le Iuge , sans information, peut valablement iuger d'vn crime commis en sa presence.

L'Affirmatiue a pour fondement les raisons suiuantes. *Primò* , vn Iuge pour valablement sentencier doit s'atacher à la verité, *Omnes Iudices nostros veritatem , & legum vestigia sequi sancimus , l. nemo Cod. de sent. & interloc.* En la These proposée, il a toutes les lumieres du crime , puisque luy mesme la veu commettre. *Secundò* , la chose est patante , *ergo,* la preuue n'est necessaire. Les Informations ne se font que pour rendre notoire le crime , & conuaincre l'Accusé, elles seroient inutiles, pource que le Iuge en a vne sciance certaine.

taine. *Certus qui est, amplius non est certiorandus.* Enfin il en doit estre cru, *l. quinquaginta, ff. de probat.*

La negatiue est suiuie, pource qu'en premier lieu, les qualitez & fonctions de Iuge & tesmoin sont incompatibles, *in casu proposito*, Il les exerceroit toutes deux, *quamuis dum personam testis vel Accusatoris assumit, desinat esse Iudex. Secundò.* C'est vne maxime constante, que l'Accusé ne doit estre condamné, s'il n'est conuaincu par sa confession ou depositions des tesmoins, *l. qui sententiam, Cod. qui de pœn. quamuis lex multum confidat de Iudice, vult tamen quod secundum acta & probata, Iustitia ministretur. Albert: q. 53. dias. reg. 377.*

Bald. *in pract. q. 6.* apres auoir souscrit cette opinion, raporte vne seule exception, sçauoir, quand le delit est perpetré en lieu public, en presence du Iuge, *tunc*, les Informations ne font neceffaires, *notorium enim non indiget probatione*, ce qu'il faut entendre des crime legers, *quæ non irrogant pænam fanguinis.* Vn fimple verbal fuffiroit pour vne condamnation pecuniaire ou fatisfaction legère, *Secus*, s'ils meritent punition rigoureufe. Car quelle raifon de precipiter le iugement, les excez eftant commis, *in loco publico*, la preuue eft facile, & *fic*, la condamnation fera de Iuftice.

QVESTION LXIX.

Si la Confeßion iudiciaire de l'Accusé fuffit pour la condamnation.

LA negatiue eft indubitable, quoyque de droit la confeffion opere la condamnation, *Confeßus pro iudi iudicato habetur, & Confessio est de se iudicatio.* Cela n'a lieu qu'en matiere ciuile, *& contrarium seruatur in negotiis Ciuilibus, quia perire volens non est audiendus. Loüet. litt.C, num.*34. en excepte les crimes atroces de Leze Majesté, & de Parricide, *in quibus confessi pro iudicatis habentur.* Brodeau sur Loüet au lieu allegué *D D. in l. infamem, de publ.Iudic.*

Les Criminalistes passent outre, soustiennent que le Iuge est punissable de mort, qui auroit condamné l'Accusé à peine capitale, sur sa confession volontaire, sans autre preue, si aprés le vray meutrier se trouuoit, *Nec per punitionem alterius liberatur. Boer. decis.*164. *per textum, in l. qui seruum, & ibi Bald.ff.de interrog.act.*

QVE

QVESTION LXX.

Si l'assertion du meurtrier perseue-
rant iusqu'à la mort, est suffi-
sante pour la torture.

CEux qui tiennent l'affirmatiue
se fondent, sur ce que le meurtrier, *moriens, mentiri non potuit.* Nous
suiuons l'opinion de ceux qui decident, que la simple assertion du Blessé, sans autres indices, quoyqu'il
perseuere iusqu'à la mort, n'est suffisante pour la torture, Mantuan. *con-*
sil. 118. & ne faut s'arrester au sentiment de Bayard *in q.* 21. *Iul. Clar.* estimans que la declaratiõ du meurtrier,
jointe à l'inimitié entre luy & l'Accusé, perseuerant, *vsque ad mortem,*
aprés auoir receu la Sainte Euchari-
stie, *facit indicium ad torturam, assenti-*
tur

tur Gram.deciſ.35.Menoch.de arbitr.Iud.
caſ.99. Bald.conſ.23. pource que s'il eſt
ennemy de l'Accuſé, en quel temps
que ce ſoit, tout ce qui vient de ſa
part,eſt notoiremcnt ſuſpect, *Cano-*
niſtæ, in C.repellantur de Accuſat.

QVESTION LXXI.

Si la décharge faite par le Bleßé,
en faueur de l'Accuſé, opere
ſa relaxance.

L A declaration de l'homicidé faite en faueur de l'Accuſé, ne le
peut innocenter, ſi la procedure con-
tient des indices ou preſomptions
contre luy, *ſi aliunde indicia vrgeant,*
Vulpel.conſil.225.

Idem dicendum, quand le condamné à mort, deſcharge au poteau ſon
complice, nonobſtant ſa declaration,

tion, le Iuge doit paſſer outre & luy
faire le procez , *Si probationes aliunde
habeat.* Que ſi toute la preuue conſi.
ſtoit en l'accuſation faite par le condamné contre le complice precipué
au Banc de la torture, *tunc*, ſa declaration reuocatoire l'aneantiroit,
quoyque quelques Docteurs vltra-
montains decident, qu'en ce cas le
condamné doit eſtre tiré du poteau,
remis à la torture, *propter variationem*,
que la deſcharge eſt ſans effet, s'il ne
perſeuere. *Carrer. in l. obſeruare*, *n.* 118.
Nous n'auons exemple en France de
cette prattique , *Ne afflicto detur
afflictio.*

QVESTION LXXII.

Si la deposition d'vn tesmoin,
omni exceptione maior, *suffit*
pour condamner l'Accusé
à la question.

QVelques Docteurs decident, que si le tesmoin est digne de foy, *& omni exceptione maior*, qu'il y ait des indices pressans contre l'Accusé, sa deposition suffit pour la question. Ceux qui tiennent cette opinion, se fondent sur l'authorité de Romanus *consil. 45. num. 4.* Il est cité à faux, parce qu'il n'a pas dit par diction copulatiue, que les indices doiuent estre joints à la deposition du tesmoin vnique, mais disjunctiue, qu'elle seule où les indices sont suffisans, *ad torquendum..* De sorte que

que au sens litteral de Romanus, le
tesmoignage d'vn seul, ou bien les
presumptions vehementes suffisent.
Vnus testis de veritate, facit indicium ad
torturam, non delatiuam iuramenti, sed
purgatiuam per torturam, & ista est com-
munis opinio ; dummodo iste testis vni-
cus sit omni exceptione maior, vel immi-
nent alia indicia, inquit. Rom.d.loc.

Autres tiennent qu'vn seul tesmoin digne de foy suffit, pour condamner l'Accusé à la question,
pourueu que sa deposition ne soit
choquée par quelque circonstance
remarquable. *Ita Blanca in repet.l.fin.*
ff.de quæst.Gram.consil.5 3.

La pratique de France porte que
l'Accusé, s'il est d'honneste vie, &
conuersation, *quamuis sit pauper*, ne
peut estre appliqué à la torture, sur
la deposition d'vn tesmoin. C'est
la remarque de Bayard. *in q. 21. Iul.*
Clar. num.17. Il la fonde sur vne des
Ordon

nances de saint Louys, elle est de
l'an 1254. raportée au titre des questions & tortures, *Personas honestas,
vel bonæ famæ etiamsi sint pauperes, ad
dictum testis vnici subijci tormentis vel
quæstionibus inhibemus, ne ob metum
falsum confiteri vel suam vexationem
redimere compellantur.*

QVESTION LXXIII.

*Si l'accord fait par le Pere, pecu-
nia data, du crime duquel le
fils est accusé, soit de presomption vehemente contre luy.*

CEtte question est celebre, les
raisons alleguées de part &
d'autre par les Docteurs sont tres-
puissantes. Ceux qui tiennent l'affirmatiue se fondent sur ce que le
Pere ne donneroit de l'argent, s'il ne

fçauoit auec certitude que le fils a
commis le crime du quel il eft accufé, au contraire, eft reprefenté d'vn
cofté que l'affection du Pere enuers
le fils, le deplaifir de le voir en peine, eft le feul fondement de l'accord. De l'autre, qu'il ne peut pre-
iudicier au fils qui n'a confenty,
alteri per alterum, iniqua conditio non
infertur.

Nous fuiuons l'opinion de ceux
qui tiennent la negatiue, *Cornel. con-*
fil.300. Anton. de nigr. in cap.220.n.24.
Celuy-cy adioufte que l'empefche-
ment raporté par les parens de l'Accufé, à ce que les tefmoings ne de-
pofent, ne fait aucun indice contre
lui. *Abb. in cap.conftitutus de teftibus.*

QVESTION LXXIV.

Si vn Iuge peut, ou doit promet-
  tre impunité à l'Accusé, pour
  l'obliger à confesser le crime,
  si telle confession fait preuue,
  & la promesse est obli-
  gatoire.

IL y a trois diuerses opinions: La
premiere est de Dominic. *De fan-*
cto Germin. in cap. nos in quemquam 2.
q.1. il soustient qu'vn Iuge peut lici-
tement promettre impunité à l'Accusé, pour l'obliger à confesser le
crime & le condamner, nonob-
stant la promesse, *Licet, inquit, Iudi-*
ci delinquenti promittere impunitatem,
& liberationem, vt delictum fateatur
eumque postea confessum, condemnare
ac punire. Elle a pour pour fonde-

M 2

ment l'exemple de Salomon raporte. *In cap. afferte de præfumpt.* Ce Sage ne trouuant la preuue neceſſaire du fait controuerſé deuant luy, la chercha dans les entrailles de la nature, vſa de diſſimulation, *indaganda veritatis cauſa.* Il eſt certain que s'agiſſant de la punition des crimes, *quod eſt bonum publicum ſimulationem eſſe permiſſam. Felin. in d. cap. afferte,* & que le Iuge n'eſt obligé accomplir ſa promeſſe, pource qu'il ne pouuoit la faire contre le bien public, preferable au particulier, *& reo imputatur, qui fidem adhibuerit tali promiſſioni.*

La ſeconde opinion eſt plus douce, elle decide qu'il eſt permis au Iuge, promettre impunité à l'Accuſé, & le punir non de la peine ordinaire eſtablie par les Loys, contre ceux qui ſont conuincus du crime duquel il eſt preuenu, ains de quelque qu'autre moindre & extraordinaire, pource qu'il satisfait en quelque façon à sa promesse, & à son deuoir. Il relache de rigueur de la Loy, & punit le delinquant, *pœna extraordinaria.* Ceux qui sont de c'est aduis, se fondent sur l'authorité de Menoch. *de arbitr. Iudic. caf. 367.*

La troisiesme & derniere opinion est de Decius *l. in ea est natura de reg. iur. Immol. consil.* 109. *Marsil. sing. 201. Gram.* q. 13. Ces Docteurs decident que la confession est inualide, la promesse n'est obligatoire, & que le Iuge doit par autres moyens plus legitimes chercher la preuue du crime, promettre impunité & obliger l'Accusé à confesser, *Hoc est reum illaqueare mendacio & fraude, quod cuilibet bono viro, presertim bono iudici, qui veritatis amantissimus esse debet, videtur summopere vitandum, inquit,* Iul. Clar. q. 53.

L'exemple de Salomon, seruant de fondement à la premiere opinion, est mal appliqué. Il ne fit aucune promesse, & on ne trouuera pas qu'il soit permis de mentir, violer la parole donnée, & sous la Foy publique, vser de fraude.

Menochius autheur de la seconde opinion n'en doit estre creu, puisque son sentiment, *iure non probatur*, selon les argumens conuaincans de Binfeldus *tract. de confess. malef. dub. 3. concl. 7.* Il preuue nettement, *Reum non esse puniendum & Iudicibus hæc mendacia & deceptiones non esse permissas.* C'est la pratique de nos Cours Souueraines, Arrest de Paris de l'an 1557. portant decret d'adjournement personel contre vn Iuge, qui en auoit vsé de la sorte. Automne *in l. 1. §. si quis vltro, ff. de quæst.*

QVE

QVESTION LXXV.

Si on peut impunément tuer celuy
qui attaque l'espée nuë en
main , ou autre arme
offensiue.

Titius voyant que Sempronius
alloit à luy l'espée nuë en main,
le tuë de la sienne. *Quæritur, an pœna*
legis Corneliæ de siccar. teneatur. Il y a
trois opinions.

La premiere resout , que Titius,
auant se jetter sur Sempronius aggresseur ; deuoit attendre qu'il fust
battu, & ne l'ayant fait , *illi homici-*
dium imputatur. Gloss. l. Rectè , Cod.
vnde vi, secundùm l. si ex plagis , §. ta-
bernarius , ff. ad leg. aquil. estant certain , en matiere d'aggression, que
celuy qui commet vn meurtre , est

M 4

tenu à la peine, s'il ne juſtifie qu'il l'a fait, *ad ſui deffenſionem.* C'eſt ce qu'on ne peut pas dire en la theſe propoſée. Titius ne s'eſt pas deffendu, puiſqu'il n'a eſté attaqué ; la ſimple demarche de l'aggreſſeur l'eſpée nuë en main, ne pouuoit operer que la crainte.

La ſeconde opinion deſcharge Titius du meurtre ; elle reſout qu'il a pû d'abord tuer Sempronius, ſans attendre qu'il fut battu. *Iacob de Bellouiſ. in prax. Rub. de inuaſore, ſecundùm Gloſſ. nouam & contrariam, d. l. Rectè, ſufficit terror armorum, vel jactatio percuſſionis. Territus armis iuſtam occaſionem percutiendi habet, neque ictum aduerſarij nemo expectare debet, praeſtat enim in tempore occurrere quam remedium ſerotinum, quod reparari non potuit quaerere.* L'Attaqué voyant la poſture de l'Aſſaillant, a eu raiſon de croire qu'il le vouloit tuer ; ainſi eſt vray

vray de dire, *homicidium factum esse ad
sui deffensionem, non ad vltionem.*

La troisiéme opinion distingue;
ou l'Aggresseur est homme puissant,
quereleux, rioteux, accoustumé à
commettre des excez, ou bien paisi-
ble, *humilis & abiecta persona. Primo
casu*, l'Attaqué doit estre deschargé
du meurtre, pource qu'il a eu grand
sujet de croire qu'il auoit dessein de
le tuer, attendu sa puissance & per-
uerse habitude. Au second cas, *Tenetur pœna, l.Cornel.de siccar. quia inspecta
qualitate personæ.* Il deuoit se persua-
der qu'il n'auoit mauuais dessain,
*consequenter fuit factum homicidium, non
ad deffensionem, sed ad vltionem.* Nous
approuuons cette derniere opinion,
& hors les circonstances d'icelle,
suiuons la seconde, fondée outre les
authorités precittées sur Vingl. *con-
sil.173. num. 5.*

QVESTION LXXVI.

Si l'Attaqué, ex...dant auec des armes aduantageuses l'Assail-lant, est punissable.

C'Est vne maxime constante, qu'on peut legitimement se deffendre d'vn Aggresseur, & si l'Assailly le tuë, l'homicide ne luy est imputé, *Quia ex necessitate committi-tur, & vim vi repellere licet. Cæph. con-sil. 42.*

La deffense permise, *& cuius ra-tione, quis ab homicidio excusatur, intelli-gitur cum moderamine inculpatæ tutelæ.* Sur quoy les Criminalistes font plu-sieurs reflexions, que nous passons sous silence, pour dire qu'il faut principalement considerer, *modum & tempus deffensionis.*

L'expli

L'explication du moyen de la deffense, decide la question proposée : On demeure d'accord que celuy qui est attaqué, peut repousser l'Aggresseur auec des armes égales, & s'il tuë à l'aduantage, *est puniendus, non pœna ordinaria homicidij, sed solùm de excessu pœna extraordinaria & mitiori Iudicis arbitrio. Carrer. §.homicidium,* rapporte & explique les exemples de l'excés de la deffense, & *Iul.Clar. d.§.* num. 34. parle de celuy qui est attaqué à coups de bastons, & se deffendant de son espée, tuë, resout qu'il est punissable, pource qu'il pouuoit se deffendre autrement, si l'Aggresseur n'estoit plus puissant que l'Attaqué. *Quo casu deffendat se cum ense, propter inæqualitatem virium. Gloss.l.1.Cod.vnde vi.*

Pour la circonstance du temps, faut que la deffence soit rapportée, *in instanti ; primi enim motus non sunt in poteſtate hominis.* Si celuy qui a eſté attaqué ou bleſſé s eſtoit retiré, & reuenoit aprés la querelle appaisée, & qu'il tuë l'Aggreſſeur ; les Criminaliſtes demeurent d'accord, que l'homicide eſtant fait, *non ad tuitionem, ſed ad vltionem,* doit eſtre puny, *non pœna ordinaria homicidij, ſed extraordinaria*, & que le Iuge doit auoir égard à la premiere aggreſſion.

QVESTION LXXVII.

Si l'Accusé pour eſtre deſchargé du meurtre, doit preuuer l'auoir commis par vne deffence neceſſaire.

Velques Docteurs decident, qu'il ſuffit juſtifier que l'homicide a eſté fait, *ob tutelam corporis,* pource que les Loix preſument, *iure facta*

facta fuisse, que *fiunt ad sui deffensionem,*
l. vt vim, ff. de iust. & iur. cum multis aliis,
nec adiungitur qualitas necessariæ deffen-
sionis. Les Autheurs de cette opinion
sont citez par *Boss. Reg.* 131.

Nous suiuons le sentiment de
ceux qui soustiennent que l'Accusé
ne peut estre deschargé du meurtre,
s'il ne justifie qu'il l'a fait pour sa
deffense necessaire, c'est à dire pour
sauuer sa vie. Que s'il pouuoit autrement se garentir, *puniendus est non*
pœna ordinaria, sed alia, arbitrio Iudicis,
quia hoc casu, non ad deffensionem, sed
ad vindictam homicidium perpetratum,
censetur Roman. *cons.* 28. *Bald. in l.* 1. *Cod.*
de confess. Felin. *in cap. significasti, de*
homicid.

Cette opinion, outre les autoritez precitées, est fondée sur la disposition du droit, *Primo in l. scientiam,*
§. *qui cum aliter tueri se non possunt,*
damni culpam dederunt, innoxij sunt,
ergo

ergo inquit Claual. confil. 7. *fi aliter fe deffendere poffunt , noxij funt , & fic probatio neceffariæ tuitionis requiritur.*

Secondò, L'Empereur Gordian. *in l. his qui Aggrefforem , Cod. ad leg. Iul. de Siccar.* promet indemnité à celuy qui tuë, eftant en danger de fa vie, *Aggrefforem vel quemcumque alium in dubio vitæ difcrimine conftitutus occiderit , nullam ob id factam calumniam metuere debet.*

Enfin par la clementine premiere, *de homicid.* eft porté que celuy-là n'eft fujet à la peine de l'homicide, *Qui mortem aliter vitare non valens , fuum occiderit vel mutilat inuaforem.*

Ces puiffantes authorités ont fait conclurre à quelques Docteurs, que fi l'Aggreffé a pú fe fauuer en fuyant, il eft coulpable, & puniffable du meurtre. *Iul. Clar. §. homicidium , num.* 32. tient le contraire.

Nous.

Nous suiuons la distinction, portant, ou celuy qui est assailly est vne personne, à laquelle seroit honteux de fuir ou non, au premier cas, le meurtre ne luy doit estre imputé, au second, *Puniendus est, arbitrio Iudicis,* *Caietan. in summ. verb. excomm. cap. 10.* *Nauarr. cap. 15. num. 3. 4. Accac. de homicidio nixus authoritate Tiraquelli num. 64.*

QVESTION LXXVIII.

Si le meurtre commis pour la deffence de son bien, est remißible.

LA question proposée est traitée par les Canonistes & Criminalistes, les premiers sont my-partis, les vns tiennent, *pro defensione rerum temporalium, non licere inuasorem occidere,*

dere, pource que l'Homme eſt plus obligé par principe de Charité, aymer ſon Prochain, que ſes biens propres temporels , ſe fondent ſur S. Auguſtin, *De libero arbc. 1. & 5. ubi expreſſe videtur negare eſſe licitum.*

Autres diſent, qu'il eſt permis au Maiſtre Proprietaire, tuer celuy qui emporte par force ſon bien. *Anton. 3. part. tit. 4. cap. 3. Silueſter verb. Bellum q. 2. Sotus lib. 5. de Iuſtin. q. 5. art. 5. Valent. de homicid. q. 8.*

Les Criminaliſtes demeurér d'accord, que comme il eſt permis tuer celuy qui attaque la perſonne, auſſi on peut impunément ſe defaire de celuy qui vole les biens, *Nam bona & res vitæ æquiparantur Gloſſ. in l. Aduocati , Cod. de Aduocat. diuerſ. Iudic. ſic Iul. Clar. §. homicidium, n. 25.*

Nous ſuiuons cette opinion auec la diſtinction raportée au nombre 47. il s'agiſt d'vn vol nocturne, ou

commis

commis de iour , au premier cas l'homicide est remissible , *Furem nocturnum , si quis occiderit , ita demum impune feret , si parere ei sine periculo non potuit , l. 9. ff. ad leg. Cornel. de Sicar. nota ne deripiaris ex mente glosse istam legem intelligi , non solum de personæ periculo , sed & bonorum.*

Cette resolution n'a lieu qu'aux cas suiuans. 1. il faut que le voleur soit trouué saisi du bien , & qu'il l'emporte. *Secundò* , est necessaire que le Maistre crie , *Talis clamor tollit omnem clandestini homicidij suspicionem. Tertiò* , qu'il ayt esté impossible au Maistre s'en saisir. Les Canonistes, & Theologiens donnent les mains à cette circonstance , *Quia tunc non esset moderans inculpatæ tutelæ , inquit , Valent. loc. cit.* Ce fut la raison pour laquelle , par Arrest de Dijon , raporté par Thuneau , Iean Pertuis fut banny & amandé pour auoir tué

N

vn Larron nocturne, eſtant aueré
qu'il le pouuoit retenir, & remettre
à la Iuſtice.

Quant au larrecin commis de
iour, deux circonſtances rendent le
meurtre remiſſible. *Primò*, ſi le Voleur ſe deffend auec des armes dan-
gereuſes. *Secundò*, s'il emporte le
bien, s'enfuie, refuſe de le rendre, &
ſe met en deffence. *Valentia loc.*
citat. adiouſte que les choſes dérobées ne ſoient de vil prix, *Nam*
ratio dictat non debere hominem tunc
vſque adeo efficaciter ſe & ſua ama-
re, vt inuaſorem rei parui pretij in-
terficiat.

QVESTION LXXIX.

Si l'homicide commis pour la deffence de l'honneur est puniffable.

VNe femme tuë celuy qui la vouloit violer, *quæritur*, si l'homicide est remiffible : La commune opinion paffe à l'affirmatiue, *modò fint homicidium, cum moderamine inculpatæ tutelæ honoris.* S'il est permis se deffaire de celuy qui attaque la perfonne & enleue les biens par force, *vt dictum fuprà* ; par identité de raifon, celuy qui s'en prend à l'honneur, fon prix est égal. *Valent. loc. citat. Periculum famæ æquiparatur periculo vitæ. Bolenc. in l. capitalium, ff. de pœn. Bart. in l. 1. Cod. vnde vi.* Conuient remarquer que la femme ne doit eftre cruë,

quand elle accuse vn homme de l'a-
uoir connuë par force , si elle n'en a
preuue par tesmoins , *Corbin. q. 319.*
Toutesfois le Iuge considerera le
temps, le lieu , & les qualités des
parties.

QVESTION LXXX.

Si celuy qui tuë Mœnius pensant
tuer Titius , merite
la mort.

LA negatiue a pour Asserteurs *Me-*
noch. de arbitr. Iudic. casu 324. num. II.
Tiraq. de pœn. leg. temp. cauf. 14. num. 4.
Iason. in l. 1. ff. de leg. Ils se fondent, sur
ce qu'en matiere de meurtre , on
considere le dessein de celuy qui l'a
commis. *Animus & propositum delin-*
quentis maximè attenditur , cùm de lege
Cornelia agitur, l. diuus, ff. ad leg. Cornel.
de

de *siccar.* A tel point, que si le meurtrier n'auoit intention de tuer, l'homicide ne luy est imputé. Or en la
these proposée, l'Accusé n'auoit aucun mauuais dessein sur Mœnius,
cùm eum occidere nolebat, sed alium ; er-
go pœna legis Corneliæ non tenetur.

Nous suiuons l'affirmatiue auec
Bartole *in l. Recipiendum , ff. de pœnis.*
Boss.tit.de homicidio, num.73.Faschineus,
lib.1.controues. cap.37. Celuy-cy se sert
d'vn puissant raisonnement. Si celuy
qui marche armé, à dessain de tuer,
quamuis non occidat, est punissable de
droit, *pœna legis Corneliæ de siccariis.* à
plus forte raison, il faut punir celuy
qui a fait resolution de tuer, & l'a
reduite en acte, quoyque le coup
ait porté sur vn autre, contre son intention. Le meurtre effectiuement
commis, est plus grand crime que le
dessain de le commettre ; les Loix le
punissent, à raison du mauuais des-

ſain. *L.is, qui cum telo, Cod. ad leg. Cor-*
nel.de ſiccar.à fortiori pro perpetrato aĉtu
homicidio. Ioint qu'en matiere Criminelle, on ne reçoit l'excuſe, *dicentis,*
facere non putabam, l.eum qui, §. ſi iniu-
ria, ff.de iniuriis.

QVESTION LXXXI.

Si la femme procurant ſon auorte-
ment, pour n'eſtre deſcriée
eſt puniſſable.

CErtaine femme, ſon mary abſent, commet adultere, eſtant
groſſe, par des medicamens, auorte,
jette vne nfant mort : le Iuge infor-
me, & à raiſon des preuues reſultan-
tes de la procedure, & de la longue
abſence du mary, la decrette ; par
ſon audition volontaire accorde :
pour exoine dit, qu'elle s'eſt portée

à

à cette extremité, pour euiter le scan-
dale, & le mauuais traittement du
mary. *Quid iuris ?* Les Casuistes agit-
tent cette question, aussi-bien que
les Criminalistes. Les premiers disent, que l'auortement est procuré
en trois manieres. *Primò,* empeschant
la Conception, rendant la femme
sterile *post concubitum. Secundò,* si on
procure, *vt fœtus iam conceptus ; sed
nondum animatus obijciatur.* Finalement, quand on fait sortir l'enfant
conceu & animé. *Azorius Instit. moral.
part. 3. lib. 2. cap. 4.*

Les Casuistes *melioris notæ,* decident que procurer l'auortemet au
premier & second cas est peché,
pource que c'est empescher l'ordre
de la nature, *Nam semen & copula
à natura instituta sunt ad prolis genera-
tionem, & vt fœtus conceptus animetur.*
Au troisiesme cas, c'est vn vray homicide, attendu que la femme tuë

l'enfant , *qui vere homo eſt , quia corpore & anima componitur* : Outre que par ſon crime l'ame eſt priuée de la vie Spirituelle , *Cum pereat ſine Baptiſmo. Sic Azorius d.loc. Boſſius Bernabita tract. de effectibus , contract. Matrim. cap. 9.* Ils reiettent l'excuſe prinſe de l'eſcandale, & du mauuais traitement, puiſque la femme commettant l'adultere, a preueu, ou deu preuoir tels & ſemblables inconueniens, *ac proinde ſibi imputet , quæ voluntariè tali ſe periculo expoſuit.*

Les Criminaliſtes condamnent à la mort les Femmes , *quæ parricidialibus ſuccis in ipſo genitali aluo pignora ventris extingunt,* ſuiuant *Iod. in prax. cap.* 74. *Decius conſil.* 538. *Barbat. conſil.* 24. *referens exemplum cuiuſdam puellæ , quæ potionibus partum abegerit , ſui honoris conſeruandi cauſa;* Ce que nous obſeruons en France , pource que l'Ordonnance d'Henry III. de l'an 1556. & la Gloſſe de Guenois, ſur

icelle, y est expresse. L'exoine allegué estant rejettable , soit par les
raisons des Casuistes precittées, ou
qu'il n'est permis, *facere màla, vt ve-*
niant bona , vt docet Apostolus, Rom. 3.

QVESTION LXXXII.

Si celuy qui mal traitte vne fem-
me , & à raison des excés ,
la fait auorter , merite
la mort.

Aiardus estime, *siue fœtus sit an-*
matus , vel non , que la peine est
arbitraire au Iuge ; se fonde sur Menoch. *de arbitr. Iudic. caf. 357.* Nous suiuons l'opinion de Iul. Clar, *q. 66. n. 2.*
decidant que , *si partus est inanimatus,*
percutiens punitur extraordinaria pœna,
si verò erat animatus , pœna homicidij
en haine du crime , la presumption

N 5

eſt *fœtum animatum fuiſſe* ; ainſi l'accuſé doit rapporter preuue du contraire, que s'il ignoroit la groſſeſſe de la femme, il faudroit en quelque façon moderer la peine. Menoc. *d. loc. ex Baiardo, anan. in cap. ſicut de homicid. & ibi Card. & alij Doctores.* quoyque Gomez *de delictis, cap. 3. num.* 32. tienne le contraire.

QVESTION LXXXIII.

Si le fils merite la mort, pour n'a-
uoir découuert le deſſain des
ennemis de ſon pere de
le tuer.

Vlpian reſout que le fils eſt puniſſable, *vt parricida in l. vtrum, Cod. de leg. pomp. de parricid. vtrum, inquit, qui occiderunt parentes, an etiam conſcij pœna parricidij afficiantur quœri poteſt,*

poteſt , & ait Mœcianus etiam conſcios,
eadem pœna afficiendos.

On dira que la Gloſſe , *in verbo*
conſcij, ne condamne le fils pour la
ſeule ſcience qu'il a eu du deſſain , ſi
autrement il n'eſtoit complice &
participant du crime. *Subaudi , inquit*
Gloſſa, & participes , quia ex ſola ſcientia
non punirentur. Brill. Auteur de cette
objection , ſe fondant ſur la Gloſſe
precittée, eſt d'aduis que le fils, pour
la ſeule ſcience qu'il a eu du deſſain
de tuer ſon pere , n'eſt puniſſable de
la peine ordinaire de parricide ; mais
de quelque autre plus douce , comme du banniſſement. Cét autheur
fait vn faux fondement ; la Gloſſe
ne parle que de l'eſtranger complice
du parricide , *& in filium conſcium.*
Tous concluent à la mort, s'il auoit
fait ce à quoy il eſtoit obligé ; c'eſt à
dire découuert le mauuais deſſain de
tuer le pere , le meurtre n'auroit eſté
commis , ſon ſilence le rend compli-

ce *Bayard. in q.* 87. *Iul.Clar. Gomez de deliƐt.cap.*3. *num.*4.

QVESTION LXXXIV.

Si la femme merite la mort , pour auoir tenu secret le dessein de tuer son Mary reduit en aƐte,

LAncienne doƐtrine decharge la Femme de la peine ordi-naire de l'homicide , si celuy qui auoit dessein de tuer son Mary, *homi-cidium alias committeret.* En suitte les Docteurs ont formé deux opinions, la premiere , sans considerer , *vtrum sine consilio homicidium alias perpetra-tum fuisset* , resout que la Femme en ce cas ne doit estre punie de mort, pource que de droit cette peine n'est establie, que *contra occidentes , aut oc-cidere*

cidere facientes , *l.* 1.*Cod. ad leg. Corn.de Siccar.* Or en la Thèse proposée , on ne peut pas dire que la Femme ayt tué, moins donné ordre de tuer son Mary.

La seconde opinion , laquelle nous suiuons, décide que la Femme est punissable de mort, pource que tenant secret le mauuais dessein , elle se rend complice,& pouuoit empescher que son mary ne fust tué, en le découurant. Pour cette raison le Parlement de Dijon , au rapport de Thuneau *cap.de præsumpt.* condamna en 1590. certaine femme à mort , les tesmoings luy ayant soustenu qu'elle sçauoit le dessain de tuer son mary. *Garc. gall. de accuf.* rapporte quelques Iugemens notables du Senat de Milan,confirmatif de cette opinion.

QVE

QVESTION LXXXV.

Si le Sergent executeur peut impu-
nement tuer le criminel qui se
met en deffence.

L'Affirmatiue est suiuie auec cette
modification, que le criminel
ne puisse autrement estre capturé, sa
deffense auec armes offensiues, rendant la prinse de corps illusoire, que
le Sergent l'exhibe & donne entendre. Quelques-vns adjoûtent, *quòd*
sit in vitæ discrimine constitutus.

Cette opinion est fondée sur la
raison de la constitution des Empereurs Theodose & Valentinian *in l. si*
seruus, Cod. de his qui ad Eccles. confu-
giunt. Elle permet au Maistre arra-
cher à main armée des Autels le seruiteur, s'il se deffend & est tué, *deli-*
ctum non imputatur domino. Bald. in l. fi-
nal.

*nal.Cod.de exhib.Reis. Bolen. in l. capita-
lium,* §. *famosos, ff. de pœn.* Thuneau,
aprés auoir rapporté quelques Arrests du Parlement de Dole, remarque auec Gram. *decis.* 41. que le Sergent executeur, *Cauere debet ne reum
capere possit, absque eo quòd interficiat
vel vulneret, non enim euaderet pœnam
saltem extraordinariam.*

La resolution prealleguée ne souffre la distinction d'Amadeus *tract. de
sindicat.* de la capture ordonnée auec
iniustice ou non. Au premier cas il
decide, *licere resistentem reum interfice-
re. Secundo casu,* non, pource que ce
n'est pas au Sergent entrer en connoissance de cause, examiner si la
prinse de corps est iuste ou non ; suffit que sa commission soit en bonne
forme.

QVESTION LXXXVI.

Si l'Accusé est punissable pour auoir tué vn des Records du Sergent executeur, accompagné de ses ennemis.

LE cas proposé par Papon, titre des homicides, *num. 2.* éclaircit ce doute. Vn criminel, dit-il, pursuiuy par vn Sergent, accompagné de plusieurs personnes armées, estant aduerty qu'vn sien ennemy estoit de la troupe de ceux qui le suiuent, en cette suspicion & crainte renforce la fuitte ; le fils du Sergent l'arreste, l'Accusé tournant visage le tuë, fut prins & condamné à mort par le premier Iuge, en la cause d'appel où fondoit ce Iugement, sur ce qu'il y auoit commission de prinse de corps, que

que l'executeur n'auoit executé en l'execution, *& sic reus erat subditus pœnæ ordinariæ homicidij, l. prohibitum, iuncta Gloss. de iur. fisc.* Le Parlement de Bourdeaux le condamna au fouët, fit reflexion sur ce qu'au moyen de l'aduis donné à l'Accusé, son ennemy estoit en côpagnie que de ceux qui le suiuoient, auoit iuste sujet de croire qu'on le vouloit tuer, *Maxima est ratio quæ pro salute militat.*

QVESTION LXXXVII.

Si celuy qui enleue des mains de la Iustice vn Criminel, est punissable de mort.

LE nommé Soubouroit, condam-né à mort par le Visseneschal des Lannes, de l'aduis des Presidiaux d'Acqs; l'Assesseur en la Mareschau-

O

cée le menant par eau au lieu du
supplice luy est enleué, presuppo-
sant que Pierre Mendy estoit vn des
complices de l'enleuement, il le capture & le conduit en nos prisons,
les formes non obseruées, aprés vne
longue detention, moyennerent sa
liberté, si la matiere auoit esté exa-
minée, en cas de preuue, il meritoit
la mort, pource qu'il est certain, *exi-*
mentes condemnatum confessum, vel con-
uictum de aliquo crimine, incurrere cri-
men læsæ majestatis, & illius criminis
pœna teneri.

Iul. Clar. q.66. rapporte plusieurs
prejugés confirmatifs de cette opinion. *Baiard. q.68. num.38. Ang. consil.*
74. Ils se fondent sur le texte exprés
de la *l.Cuiuscumque, ff.ad leg. Iul. maie-*
stat. & in extrauag. ad reprimendum, in
verb. tangat. Que si le criminel n'a
esté condamné à la mort, l'opinion
de ceux-là est de Iustice, qui decident

dent que la peine eft arbitraire au
Iuge, ou au pis, que ceux qui font
condamnés de l'auoir fait euader,
fouffrent la peine qu'il meritoit, *ac
fi pro eo in omnem cafum fideiuffiffent.
Bald. in l. addictos, Cod. de Epifcop. audient.* Cette rigueur ne fera exercée
contre la femme & la mere ; *quæ mu-
tatis veftibus, vel alia calliditate re-
manendo in carcere loco mariti, vel filij,
eos detentos exemerint. Gomez de delict.
cap. 9. num. 12.*

QVESTION LXXXVIII.

Si celuy qui prie exceder quel-
qu'vn, & la mort s'enfuit,
eſt ſujet à la peine de
l'homicide.

CErtain perſonnage prie ſes amis
baſtonner vn homme, auec lequel il eſtoit en procez ; ils l'atta-
quent à coups de baſton, & meurt
des excez commis ſur ſa perſonne ;
les meurtriers ſont deſcouuerts, & il
y a preuue contre celuy qui auoit
donné ordre de mal-traitter l'homicidé. *Quæritur, vtrum teneatur pœna*
legis Corneliæ de ſiccar.

Quelques-vns tiennent que non,
& qu'vne peine extraordinaire plus
douce ſuffit. *Sic Ang. Roſſ. ſecundũ Bart.*
Veron. conſ.35.36.37. Les trois raiſons
ſuiuan

ſuiuantes fondent cette opinion.

En premier lieu, celuy qui prie
baſtonner ſon ennemy, n'a pas eu
intention de le faire tuer de ſa part,
ſa priere ſe termine à des ſimples excés. *Certum autem eſt, eum pœna l.Cor-*
nel.non teneri, qui animum occidendi non
habuit, l. 1. §. diuus, ff.ad leg.Cornel. de
ſiccar.

Secundò, il ne peut eſtré coulpable
pour autre raiſon, cy ce n'eſt qu'il
deuoit preuoir que la mort s'en pouuoit enſuiure, *cap. ultim. de homicid.*
Mais en cela il n'eſt reſponſable du
dol, ains de la coulpe, laquelle ne
donne lieu à la peine de mort, *l.in lege,*
ff. eod.

Tertiò, par la l. 3. §. *ex Senatuſcon-*
ſulto, eod.tit. vne fille fut condamnée
ſimplement au Banniſſement, pour
auoir donné vn breuage à certaine
femme, à deſſain de le faire engroſ-
ſer, duquel elle mourut, elle ne fut

punie de mort ; pource que *animum occidendi non habuit.*

His ſpretis, nous tenons , *mandantem reum eſſe mortis*, d'autant qu'il s'eſt rendu reſponſable de l'euenement des excés commis ſur la perſonne de celuy qui a eſté tué. Les Loix ne mettent difference , *inter occidentem & mortis cauſam præbentem, l. nihil intereſt, ff. de ſiccar. Menoch. caſ. 352. Veronenſ. loc. citat.*

QVESTION LXXXIX.

Si le bleſſé decedé quarante iours aprés la bleſſure receuë, l'Accusé eſt puniſſable de mort.

ON tient ordinairement la negatiue, la raiſon prinſe, de ce que regulierement la peine de mort n'eſt eſtablie que contre l'homicide : or or il est constant, *post quadraginta dies*, que la blessure n'est presumée mortelle, estant impossible, si elle estoit tellé, que le blessé ait pû viure au delà, selon l'aduis des Medecins. *Blanc. in praxi. Rimin. consil. 81. num. 2. sicque vulnerans, non tenetur de occiso, sed tantùm de vulnerato.*

L'opinion de ceux-là est de Iustice, qui s'arrestent aux circonstances, principalement à deux essentielles. La premiere, si les Medecins rapportent que la blessure estoit mortelle, *quibus tanquam expertis in arte credendum est. Boër. decis. 323. num. 21. cum multis autoribus ab eo relatis.* La seconde circonstance se prend de l'estat du malade, puis le iour qu'il a esté blessé, s'il est allé de mal en pis. *Ex vulnere illato mortuus præsumitur, etiam post octo menses. Abbas sicul. in cap. de Cler. percuss. Ludou. Bolonens. cons. 5.*

O 4

QVESTION XC.

Si le bleſſé decedant dans trois iours eſt censé mort de la bleſſeure.

SI les medecins, *poſt contemplatum occulata vide vulnus*, ne peuuent aſſeurer ſi la bleſſeure eſt mortelle, le bleſſé mourant, *intra triduum*, la preſomption eſt qu'elle a cauſé ſa mort. Nous ſuiuons la Gloſſe, *l. vnicæ, Cod. de emend. ſeruor.* & l'opinion de *Cyn. tab. Bart.* interpretans la ſuſdite Gloſſe confirmée par Bolong. *conſil.* 120. *Si intra triduum, inquit, vulneratus deceſſerit, coniectura vehemens eſt ex vulnere mortuum & percutientem ratione breuitatis temporis, vt homicidam puniendum.*

L'Accuſé eſt receuable d'oppoſer que

que le blessé à negligé sa blesseure,
n'a appellé vn medecin expert, qu'il
a esté mal traité, n'a eu soin de sa
santé, a fait excez, s'est exposé à l'iniure du temps. Ces exceptions, &
autres semblables le dechargent de
la peine de l'homicide, le rendent
simplement responsable de la blesseure, selon les Loix & autoritez raportées par Boër. *decif.* 323. *num.* 20.
Manles consil. 12. asseure que par iugement du Senat de Naples, certain personnage accusé de meurtre,
fut condemné au bannissement, *ad
tempus*, apres auoir verifié que le
blessé le lendemain de la blesseure
auoit fait debauche, & beu de vin
auec excez.

O 5

QVESTION XCI.

Si l'atentat non suiuy de l'effet est puniſſable.

LA commune reſolution eſt que l'effort n'eſt puny, *niſi ſequatur effeƈtus eſ peruentum fuerit ad vltimum aƈtum* : s'il reſte quelque choſe à faire pour paruenir à la conſommation du delit reſolu, & premedité, on n'eſt puniſſable, comme s'il auort eſté perpetré. Boër. *deciſ.* 316. *num.*3.Bertrand. *conſil.*169.*Gram. deciſ.*2. Felin. *traƈt. de conatu,* Iul. Clar. *q.*92.*num.*1.

On demande ſi cette reſolution a lieu aux crimes attroces, Bertrand. *conſil.*228.*num.*6.*Thoegel. in prax.cap.*1. *num.*7.*Gram.vot.*8.ſouſtiennent l'affirmatiue, pource que la peine n'eſt eſtablie

establie que contre ceux qui cōmet-
têt le delir, ainsi il faut qu'il soit perpetré. *Atqui non est actum cum restat &
supereft aliquid agendum. Thamaset.reg.*
199. *Anton. Monach. Lucens. decis.* 25.
*num.*7. *& Florens. decis.*19. *num.*5. *Tri-
polit.consil.*128.*num.*15.

L'opinion de ceux - là est suiuie,
qui punissent l'attentat , proche de
la consommation du crime, *in atro-
cissimis*, comme s'il auoir esté effe-
ctué. Papon raporte des Arrests, titre des effors & delits , sans effet.
Boër. *loc. cit. num.*4. est de c'est aduis
contre les Sodomistes, crime de lu-
xure contre nature , & au traité *de
seditios. in 7. presuposito* , conclud à la
rigueur contre les Seditions. Felin.
*in cap.*1. *de offic. delegat.* est de ce sentiment, contre les Criminels de leze
Majesté , Proditeurs de la Patrie,
contre ceux qui se seruent de venin
pour tuer, & Simoniaque. Igneus
conclud

conclud qu'elle a lieu, *contra graſſa-*
tores, latrones, & contra aſſaſſinium per-
petrare conantes.

QVESTION XCII.

Si le Maiſtre de la choſe derobée
en peut faire recherche en la
maiſon d'autruy.

LE Maiſtre de la choſe dérobbée,
ne peut de ſon authorité en faire
recherche en la maiſon d'autruy ;
il doit s'addreſſer à la Iuſtice, & obtenir permiſſion. *Iul. Clar. §. furtum,*
num. 3. Pap. lib. 23. tit. 6. Boer. deciſ. 174.
num. 5. Quoyque le larrecin ne s'y
trouue, le perquiſiteur eſt deſchargé
de l'action d'iniure ; *Cùm auctoritas*
Iudicis eum excuſet. Boer. d. loc. Que ſi
ſans commiſſion du Iuge, il faiſoit la
perquiſition, il ſeroit obligé à reparer

rer l'iniure. *L. iniuriarum,* §. *final. & l.*
his qui domum, ff. de iniur.

Le Iuge vfera de prudence : En
premier lieu, n'ordonnera la recherche qu'il n'y ait information precedente ; fuiuant la remarque de la
Gloffe additionnaire de Papon au
lieu precitté. *Secundò*, il ne permet-
tra à la partie faire luy-mefme la per-
quifition, à caufe des accidens qui
s'en peuuent enfuiure. *Iul. Clar. d. loc.*
commettra les Miniftres de Iuftice.

QVESTION XCIII.

Si celuy en la maifon duquel la
chofe derobée fe trouue, eft
prefumé auoir commis
le larrecim

L A commune refolution diftin-
gue, la perfonne eft mal-famée

ou

ou non ; au premier cas la presomption est qu'il a commis le larrecin
ou qu'il est complice , laquelle est
suffisante pour l'appliquer à la question ; au second, *si persona est bonæ famæ & conditionis*, il n'y a lieu de proceder contre luy. Il se peut faire
qu'à son insçeu, les choses dérobées
ont esté portées en sa maison , *Et sic
non tenetur docere à quo rem habuerit,
nec ei rité potest opponi, l. Inciuile est,
Cod. de furt. & seru. corrupt. Angel. de
malef. in verb. & vestem, num.19. Ro-
land. consil. 45. Bertrand. consil. 107.
vnde Decian. consil. 39. volum.1. Menoch. de præsumpt.præsumpt.29.vbi multum diffusè de hac materia loquitur.*

QVE

QVESTION XCIV.

Si celuy qui a esté relaxé d'vne accusation, peut estre de nou-ueau poursuiuy pour raison de mesme crime.

LEs Criminalistes decidēt la question proposée par la negatiue, *Sic Couarruu. lib. var. resol. cap. de accusat. iteranda Clar. q. 57.* Cette resolution est fondée sur l'vn & l'autre droit.

Le Droit Canon y est exprez, *cap. de his de accusat.* tiré du Concile de Magonce en ses termes, *de his criminibus est absolutus, non potest actio replicari.*

Le Droit Ciuil *in l. si cui crimen* §.*hisdem, ff. de accusat.* porte, *hisdem criminibus quibus quis liberatus est, non debet Præses pati eumdem accusari.*

Les

Les Docteurs rapportent plusieurs limitations : voicy les princi-
pales. *Primò*, si le Crimine a obtenu sa relaxance, faute par l'Accusateur de faire ses preuues, ou de me-
ner tesmoings pour le recol ; en ce
cas la relaxance luy est inutile. Il
peut estre pourfuiuy de nouueau &
puny. *Nouis emergentibus probationibus,*
ne crimina impunita remaneant. Curt.
tract. de form. proced. in reos.

Secundò, la susdite resolution des
Criminalistes n'a lieu que contre la
partie ciuile, & n'exclud le Procureur du Roy, ayant des preuues, il
peut pourfuiure l'Accusé. Rebuffe
sur le poëme des Ordonnances
Royaux, *num.* 118. rapporte Arrest
de l'an 1540.

Tertiò, si l'Accusateur a preuari-
qué, il ne seroit pas iuste que son intelligence auec l'Accusé fist prejudice au public, qui a notable interest à
la

la punition des crimes. *Gloss. d. cap.*
de his.

Quartò, la relaxance obtenuë contre les formes judiciaires n'est considerable. *Non valet sententia absolutoria,*
in preiudicium Reip. & partis , non ser-
uato debito ordine. Anton. Niger. cap. 40.
de except. rei iudicatæ , num. 6. estant
nulle, ne peut produire aucun effet.

QVESTION XCV.

Si le criminel , contre lequel a esté
ordonné quelque peine par sen-
tence , peut estre recherché pour
mesme crime.

Q Velques-vns respondent , sans
distinction quelconque, que si
la peine n'est proportionnée au delict , qu'il peut estre recherché de
nouueau. *Bald. consil. 31. & 192. lib. 4.*
Paul. de Castr. cons. 118. P

Noſtre opinion eſt, que ſi la ſentence eſt renduë par Iuge Souuerain, & par Iugement dernier, & executée, attendu que les peines ſont arbitraires, en ce cas le Criminel ayant ſatisfait à la Iuſtice, & expié le delict par la peine, ne peut eſtre recherché de noũueau.

Que ſi le Iugement n'a eſté executé, & qu'il ſoit donné par Iuge inferieur, le Procureur du Roy de la Iuſtice ſuperieure, eſt receuable appeller *à minima*, & pourſuiure, *nulla habita ratione primæ condemnationis.* La punition du crime ſuiuant, l'exigence du cas. *Imò*, quand le Iugement ſeroit executé, s'il appert que par fraude & colluſion auec le Iuge, la peine a eſté amoindrie, & que le delict ſoit ſi atroce, *vt nulla fit proportió inter pœnam & delictum*; en ce cas la premiere condamnation n'empeſcheroit les nouuélles pourſuittes. *Iul. Clar.*

Clar. q.67. *num.*12. rapporte vn prejugé du Senat de Milan, confirmatif
de cette opinion.

QVESTION XCVI.

Si l'Accusé relaxé par le Iuge
d'Eglise, peut estre puni par
le temporel.

CErtain Prestre nommé Pontnau, accusé du meutre com-
mis sur la personne de feu Bios de la
Parroisse de Souston, est poursuiuy
par le Iuge Royal des lieux ; l'instruction faite auec l'Official d'Acqs,
conformement à l'Ordonnance de
Melun, il est relaxé : on a demandé
si le Iuge temporel, nonobstant la
relaxance du Iuge d'Eglise, pouuoit
proceder contre luy.

Nous auons respondu qu'ouy,

pource que ce sont des Iurisdictions
contraires ; l'vne connoist du delict
commun, & le punit des peines Canoniques, l'autre du delict priuilegié, & le punissant à la rigueur. C'est
l'opinion de Felin. *in d.cap.de his. Al-*
ciat.in cap.1. de offic.ordin. Gomes.de de-
lict.cap.40.

En suite, ledit Pontnau ayant esté
trouué Innocent, fut deschargé de
l'ccusation par le Iuge temporel.

QVESTION XCVII.

Si le tesmoin est receuable, deman-
der reparation de l'object iniu-
rieux contre luy proposé par
l'Accusé.

Q Voyque les iniures de droict
soient sujettes à reparation,
neantmoins les reproches iniutieux
proposés

proposés contre les tesmoins, n'obligent l'Accusé à les reparer , pource que *non opponuntur animo iniuriandi, sed ad deffensionem & per modum exceptionis. Paul. de Castr. in l. 3. de liber. & posth. Curt. in l. final. ff. quod quisque iuris.* Arrest de Dijon de l'an 1575. rapporté par Bouuot *in verb.* Iniure, q. 14. Quelques-vns estiment , l'opinion desquels n'est receuë, que l'Accusé pour se descharger de l'iniure, doit declarer qu'il n'objecte le tesmoin, *Iniuriandi animo ; Illa enim protestatio est actui contraria. Iason. in d. l. final.*

QVESTION XCVIII.

Si celuy qui a proferé l'iniure la
doit amander, quand il offre
verifier qu'elle est
veritable.

LA commune resolution est, que
la vérité de l'iniure, ne decharge
de la reparation, celuy qui la pro-
ferée, *Quia animum iniuriandi habuit*
& inhumanum & iniuriosum est defe-
ctus nostros detegi, l. 2. *Cod. & quib.*
quart. part. l. eum qui nocentem, ff. *de*
iniur.

Les Docteurs portent des exceptions à cette resolution. *Primò*, āqud
l'iniure est dite par esprit de correction, 2. si c'est à dessein d'empescher que la frequentation de l'iniure ne porte quelque preiudice, comme s'il est ladre, ou excommunié.
                                Tertiò,

Tertiò, si c'est en iugement par forme d'exception, *vt in super q...* enfin s'il est expediant pour le seruice du Roy & du public, que son deffaut soit decouuert, *quibus casibus veritas conuitij impedit iniuriarum actionem.* *Brër. consil. 4.*

QVESTION XCIX.

Si l'Accusé souffrant la torture, purge toutes les preuues conte-nuës en la procedure contre luy faite.

AV Parlement de Paris la question ne purge les preuues, pource que qu'elle conuiction qu'on ayt contre l'Accusé, *manentibus probationbus*, on l'applique à là question, & quoy qu'il desnie & la souffre, il n'est absous, ains con-

demné en confequence de la preuue, de laquelle il eft chargé. Papon
liu. 24. tit. 9. *num.* 1. *Bayard.* 9. 6. fait
eftude particulier, de preuuer que
l'obferuance du Parlement de Paris,
eft de Iuftice.

Fab. *tit. de quæft. definit.* 9. *&* 25.
Semble fe feruir de cette diftin-
&ion ou l'Accufé eft tout à fait conuaincu, où il y a contre luy fimple-
ment des indices, au premier cas
fouffrant la queftion, la preuue con-
uaincante n'eft purgée, mais à raifon de fa fouffrance, la peine fera
diminuée, *Non enim iuftum eft fubire
reum tormentis, fi neget, nulla ſpe ve-
niæ recreatum*, au fecond cas les indices font purgez.

L'obſeruance du Parlement de
Bourdeaux, portant que l'Accufé
entierement côuaincu, ne doit eftre
appliqué à la queftiô, & que la fouffrant, il purge tous indices accufé, &

preuue

preuue est plus iuste ; d'vn costé, s'il
faut códamner le Criminel, à raison
de la preuue, nonobstant sa souffrance, il sera doublement puny,
sçauoir de la peine de la torture, &
de celle qu'exige le delit, duquel il
est conuaincu, *Gloss.deff.*15. *n.*14. *Fab.*
dict.loc.ita fit, inquit, vt ex eodem crimine
reus bis condemnari videatur contra, l.
sanctio legum, ff. de pœnis. De l'autre,
les Loix presument qu'endurant
les tourmens de la question, il a dit
la verité, qu'il est innocent *& sic*,
ne peut estre condamné. C'est lo-
pinion des Docteurs les plus ap-
prouuez. Boër. *decis.*163. raporte des
Arrests, *Iul. Clar q.*64. *num.*38. *Gram.*
decis. 8. *etiamsi contra reum planè fuerit*
probatum. Simmac. cap. 63. *Crauet. con-*
sil. 287.

P 5

QVESTION C.

Si le Iuge peut interroger le Cri-
minel, apres auoir accordé à
la torture le crime duquel il eſt
accusé, ſur autres delits, deſ-
quels il n'y a indices contre
luy.

LA negatiue eſt ſuiuie, les Iuges qui en vſent de la ſorte ſont blaſmables, s'il n'y a obſeruance contraire, *Vital. rub. de Iudic. Montet.* *in l.1. ff. de quæſt. cap. 3.* Le Pape Paul. III. la ainſi ordonné par ſa Bulle in-ſerée *in 1.p. Bullarij, conſtit. 58. his ver-* *bis ijdem Iudices captum pro vno crimine* *ſuper alijs, de quibus indicia aliqua non* *habent, nullo modo interrogare præſu-* *mant,* quelques cas ſont exceptez, ſçauoir aſſaſſins, voleries & autres

remar

qués par *Iul.Clar. q.64.num.45.in fin.*
ego tamen , inquit , nunquam vidi
reum confessum de aliquo crimine in-
terrogari super aliis criminibus , de qui-
bus non adessent contra eum indicia,
nisi in crimine assassinij , furti , stro-
sationis annonæ vel salis , nisi fortè
iam esset bannitus & condemnatus , tunc
enim, si est exequenda condemnatio , solet
quandoque torqueri, tam super aliis deli-
ctis in genere , quam super sociis compli-
cibus & receptatoribus.

QVESTION CI.

Si en consideration de la parenté,
le Iuge doit diminuer la
peine.

Ette question est traitée par
Aretin *consil. 8. &* Albert. *q. 82.*
Ils decident que la parenté ne dimi-
nuë

nuë la peine és crimes graues & attroces, puifque le parent par fes
excez a violé les Loix du fang,
& n'a eu refpect pour la famille, il
n'eft pas iufte que la parenté of-
fenfée, obtienne grace pour luy,
par l'adouciffement de la peine,
que s'il s'agift d'vn fimple delit
& leger, tous conuiennent, *Ra-*
tione confanguinitatis mitius punien-
dum confanguineum. Gaud. de malef.
q. 1. *Baiard. quæft.* 60. *num.* 115. *Clar.*
q. 61. *num. vlt.*

QVE

QVESTION CII.

Si la partie instigante doit fournir aliment à l'Accusé, detenu prisonnier, qui n'a dequoy se nourrir.

LA negatiue est fondée, sur ce qu'en France, *ex causa delicti vel quasi delicti*, l'Accusé prisonnier n'est pas receuable demander nourriture; puisque son crime le rend indigne de la grace que l'équité du droit faic aux miserables detenus, *pro debito ciuili*, de les faire nourrir. *L. Iudices, & ibi DD. Cod. de Episcop. audient.* Et par Arrest du Parlement de Paris rapporté par Chenu *q.* 39. a esté decidé que ce soin regarde le Roy ou le Seigneur haut Iusticier, *si commodè de alimoniis nutriri non possit.*

Nous

Nous difons que s'il y a partie inftigante, l'Accusé fera nourry à fes
defpens, pource que les contreuenans accordent, qu'en matiere ciuile,
Quòd creditor alere tenetur debitorem in-
carceratum, fi non eft, foluendo & eo re-
nuente, Iudex debet eum relaxare. Que
cette obligation fort des principes
de l'equité, elle ne permet pas qu'vn
pauure mal heureux periffe de faim.
Or le delict ne s'oppofe pas à cela,
puifque le Criminel eft homme auf-
fi-bien que le debireur Ciuil ; ce feroit eftre inhumain de permettre à
la partie inftigante de le tuër en pri-
fon par le refus d'alimens. *Necare vi-*
detur, qui alimenta denegat. Arreft de
Paris de l'an 1581. citté par Papon,
titre de la ceffion des Biens, art.16.

QVE

QVESTION CIII.

Si le condamné à mort peut eftre deliuré à la priere d'vne putain, faifant offre de l'efpoufer.

VN foldat du Regiment du Seigneur Marquis de Poyanne, en 1653. condamné à mort par le Confeil de guerre, conduit au lieu de l'execution, vne putain fe prefenta, le demanda en Mariage, elle fut refufée; on propofa fi ce refus eftoit de Iuftice.

Nous auons refpondu qu'il y a deux opinions; la premiere fauorife le condamné, decide que le Iuge le doit relafcher à la putain, pour l'époufer. *Gomez tract. de delict. cap.* 13. *Viuius in verb. condemnatus. Chaffan. in confuet.*

conſuet. *Burg. Rub. de Iuſt.* §. 5. *num.* 96. aſſeure que c'eſt la couſtume de Fran-
ce. Papon au titre des peines art. 14.
rapporte Arreſt du Parlement de Paris de l'an 1515. Les raiſons de cette
deciſion ſont,

Primò, celuy qui eſpouſe vne Gar-
ce eſt deſchargé de tous pechez, *cap.*
non eſt culpandus, 14. q. 1. ainſi le delict,
pour lequel il eſt condamné, eſtant
remis, il eſt iniuſte pour l'expiation
d'iceluy qu'il ſouffre la mort.

Secundò, Cette deliurance cauſe
vn grand bien ; puiſque au moyen
du mariage, cette mal-heuret ſe ſor-
tira peut-eſtre de ſa proſtitution, &
operera le ſalut de ſon ame.

Nous ſuiuons l'opinion contraire, prohibeant au Iuge n'auoir égard
à tel offre, & de ne reuoquer la ſentence de mort, *Iul. Clar.* q. 9 8. *Baiard.*
ad d. q. Belu. rub. de iniur. Le fondement eſt, que le Iuge apres auoir
pro

prononcé sa Sentence ne peut la re-
quer, *imo*, est à l'execution, *l. iudex,*
ff. de re Iudic. cum similibus. Il fairoit
grace au condamné, quoy que le
Roy seul la puisse faire, & si cela
auoit lieu, le crime demeureroit impuny, au moyen des offres des gar-
ces prostituées. Tous nos Docteurs
François souscriuent cette opinion,
blasment Chassanée. Corbin *q.*217.
in fin. Pap. loc. cit.

QVESTION CIV.

Si la peine pecuniaire peut estre
conuertie en corporelle.

NOus entendons parler de l'admende adiugée à la partie in-
stiganta, pour raison de laquelle le
condamné doit tenir prisons, ius-

Q

ques à effectif payement, fans efpe-
rance de terme. Boff. *de fent. n. 1 11.*

Nous tenons que la commutation peut eftre ordonnée par le Iuge
Souuerain, fi le condemné eft, *vilis*
& abiecta perfona, ne moriatur in carce-
ribus , Paul. de Caftr. in l. final. ff.
de in ius vocand. que la fomme foit
notable, pource que la moindre
paine corporelle eft plus que toute
paine pecuniaire. Cette commutation ne doit eftre ordonnée contre
des perfonnes de qualité, d'honne-
fte condition , & de bonne naiffance, & fans les affliger de cette extremité , s'ils n'ont aucuns moyens,
apres vne longue detention , ils feront mis en liberté à leur caution
iuratoire. Corbin. *loc. cit.* Thuneau
au traité des peines.

QVESTION CV.

Si l'admande adiugée au Roy,
peut estre conuertie en peine
corporelle.

SEmble d'abord que non , par
trois raisons , en premier lieu les
Iuges ne peuuent commuer ny di-
uertir les admandes adiugées au
Roy , *l. præcipui versic. prouidentibus,*
de can. largit. tit. & ibi Bart. & Luc.
de pœn.

Secundò, Ce seroit estre inhumain , augmenter par la paine corporelle l'affliction du pauure condamné , *Afflicto non est danda afflictio.*
Ricc. in prax. decis. 628. num. 3. Anton.
Menoch, decis. 34. num. 10. in materia
criminali potius moliendæ sunt pœnæ,

Q 2

quam asperandæ, *l.penult. ff. de Iud.* La peine seroit augmentée par la commutation, soit par la souffrance ou infamie.

Tertiò, Le Iuge en cas d'insoluabilité est obligé relacher le condamné prisonnier, & deffendu aux Receueurs exiger le payement des amandes, *Præses Prouinciæ, si mulctam quam irrogauit ex præsentibus facultatibus eorum quibus eam dixit, redigi non posse deprehenderit, necessitate solutionis, moderetur reprehensa exactorum auaritia remissa, propter inopiam mulcta à Prouincias Regentibus, exigi non debet, l. illicitas, §. Præses Prouinciæ, ff. de offic. præsid. & ibi gloss. notant, ratione necessitatis, pœnam remitti.*

L'affirmatiue est receuë fondée sur la disposition du Droit Romain & François.

Pour

Pour le Droit Romain. *Vlpian.*
in l. 1. §. generaliter, ff. de pœnis, decide,
que les Iuges en cas d'insoluabili-
té de l'amande, *ex delicto debent inducere coërtionem extraordinariam af-
sentitur,* *Modestinus in l. final. ff.
de in ius vocand. & idem Vlp. in l. 35.
ff. de iniur.*

Quant au Droit François, l'Ordonnance d'Henry II. de l'an 1549.
art. 7. porte en termes exprez, qu'a-
pres perquisition dans les six mois
des biens des prisonniers pour les
amandes adiugées au Roy à la dili-
gence, tant du Procureur de sa Majesté, que Receueurs, en cas d'insoluabilité, sera procedé à la commutation de la peine pecuniaire &
corporelle, selon la qualité du delit, & que les Cours verront estre
à faire.

L'explication de la fin de cette

Ordonnance depend de la decifion des Criminaliftes. Ils demeurent d'accord que fi le crime eft graue, la commutation doit eftre ordonnée, pource qu'au moyen de la peine corporelle il eft puny ; que s'il eft leger, n'eft pas iufte venir à cette extremité, attendu que la peine feroit plus grande que le delit, il faut auffi confiderer fi l'amande eft petite, & le condamné, de qualité, honefte condition & naiffance, *Quo cafu non non eft commutanda pœna, fecus fi fit vilis, & abiecta perfona Arn. Erend. confil.* 123.

QVE

QVESTION CVI.

Si la partie instigante peut empes-
cher l'interinement des Lettres
de grace , quand la peine pecu-
niaire est conuertie en corporelle.

LE condamné en quelque peine
pecuniaire , pour raison des excés graues, le Iuge , attendu son insoluabilité, la commuë en corporelle : par exemple, l'enuoyé en galeres,
le Roy luy fait grace , octroye Lettres de rappel , la partie instigante
inciste , *quid iuris ?*

On oppose au condamné , que
les lettres du Prince n'ostent le droit
acquis à vn tiers. *Ius quæsitum tertio,*
nunquam Rex aufert. Il arriueroit que
la partie instigante seroit priuée de

ſon admende ſubrogée par la commutation à la peine corporelle, &
que le crime demeureroit impuny,
pource que le criminel ne ſeroit
chatié pecuniairement ny corporel-
lement.

Nous tenons auec Faber *tit. de pœnis, deciſ.* 1. que la partie ne peut empeſcher l'interinement des Lettres;
d'vn coſté il n'eſt pas iuſte que pour
ſa paſſion vindicatiue, & ſous pretexte de ſon intereſt particulier, vn
homme Chreſtien perde ſa liberté.
*Damni pecuniarij cauſa libertatem homi-
nis intercidere minus durum eſſet.* De
l'autre, eſtant queſtion d'vne peine
corporelle impoſée au criminel pour
expier ſon crime; le Roy la peut remettre, attendu qu'il eſt maiſtre des
corps & vie de ſes ſubjets; & tous les
Criminaliſtes conuiennent que le
Prince Souuerain a pouuoir de remettre

mettre toute sorte de peines corpo-
relles & pecuniaires, *etiam post sen-*
tentiam & condemnationem inflictas, li-
cèt talis sententia in rem iudicatam tran-
sierit. Paris. consil. 1. num. 2. sic iudicatum
fuisse anno 1588. *asserit Faber dict. loc.*

QVESTION CVII.

Si le condamné, ex delicto *, en*
quelque peine pecuniaire , est
receuable à la miserable cession
des biens.

LEs Criminalistes traictant cette
question à la rigueur, demeurent
d'accord, que le criminel, à raison
du delict, est priué de ce Benefice
du droict. *Beneficium cedendi bonis, non*
competit ratione obligationis descendentis
ex delicto, aut quasi delicto, sed qui pœnas

Q 5

pecuniarias soluere non potest, *in corpore luere debet. Couar.lib.2.var.resolut.cap.1. num.* 8. Il estend cette resolution aux dommages & interests adjugez à la partie ; quoy qu'à son égard *sit debitum ciuile :* neantmoins au respect du Condamné, attendu le crime commis, c'est vne peine, le payement de laquelle se doit faire, *in ære vel in corpore, per commutationem , & asserit textum esse egregium. In cap. finem , de dol. & contum.* Le mesme Autheur asseure que Charles V. Roy des Espagnes, a moderé la rigueur de cette doctrine , par ordonnance de l'an 1538.permettant aux condamnez pour crimes , faire cession des biens. *Accacius conf.*13.*num.*8. conclud, que la cession des biés peut estre accordée par des Iuges souuerains, selon la qualité de la personne, si la somme n'est pas grande , & si le miserable debiteur

detenu,

detenu, a demeuré long-temps en
captiuité, & la partie refuse de le
nourrir, *ne in carceribus marcescat &*
moriatur.

QVESTION CXVIII.

Si en matiere de crimes, la con-
damnation est solidaire.

NOus n'entendons parler des crimes de Leze Majesté, & d'heresie; puis qu'il est certain, que ceux
qui sont condamnez pour raison
d'iceux, *tenentur in solidum*: Papon titre des consorts à plaider, *num.* 3.

Pour les autres crimes, la question est grande, d'vn costé, est re-
presenté que la condamnation est
solidaire, & le soluable contraint
payer pour l'insoluable, par la Loy

si

ſi multi, ibi & quod ab alio præſtari non poteſt, ab alio exigetur, ff. de public.

Hermogenian rapportant les priuileges du Fiſcq, *in l. 48. §. final. ff. de iur. fiſc.* remarque que les condamnations interuenuës à ſon profit, ſont de leur nature ſolidaires. *Sanè pro non idoneis, idonei conueniuntur. Sic conſ. 79. Paul. de Caſtr. conſ. 228. Fulg. Soc. conſil. 177.*

L'opinion contraire eſt receuë, decidant que la condamnation n'eſt ſolidaire, ſi le Iuge ne la declare par ſa ſentence. *Felin. in cap. grauamen, de ſentent. excommunic. Hippolit. in l. vnic. de rapt. virg.*

Elle eſt fondée, *primò*, ſur la reſponce de Paulus, *in l. 43. ff. de re iudic. his verbis : Paulus reſpondit eos, qui vna ſententia in vnam quantitatem condemnati ſunt, pro portione virili ex cauſa iudicati conueniri, & ſi ex ſententia ad-*

uerſus

uersus tres dicta, Titius portionem sibi competentem exoluit ex persona cæterorum, ex eadem sententia conueniri non posse.

Secundò, si la condamnation estoit solidaire, l'vn des condamnez payeroit pour les autres, & seroit doublement puny, contre la Loy *Sancimus, Cod. de pœn. & l. si quis suo, §. legis autem, Cod. de inoff. test. pœna debet sequi suos authores, & iniquum est vt alieno odio alius prægrauetur.* Corbin. *decis.* 320. est de cét aduis, rapporte des Arrests du Parlement de Bourdeaux, par lequel, pour oster tout doute, a esté dit, que le Iuge doit declarer par son jugement, si la condamnation est solidaire ou non. *Potest in solidum damnare. Gloss. addit. d. l.* 43. ne s'expliquant pas elle est diuisible.

QVE

QVESTION CXIX.

Si l'appel de l'vn des condamnez,
empefche l'execution du Iuge-
ment, contre les autres
non appellans.

LA queftion propofée ne doit
eftre entenduë des condamnations de petite confequence, comme pecuniaires ou fatisfactoires.
L'appel de l'vn des condamnés n'empefche l'execution du Iugement,
contre ceux qui ne font appellans, le
doute eft des fentences, contenans
peine afflictiue contre les Accufez.

L'affirmatiue eft indubitable,
pource qu'au moyen de l'appellation du complice; il fe peut faire
que la peine fera diminuée ou oftée,
que

que le Superieur cassera le Iugement rigoureux contre eux interuenu : or c'est vne maxime certaine, que les remedes qui peuuent seruir de deffence au criminel, ne doiuent estre rejettés par le Iuge, non pas mesme de son consentement. *Gloss. l. pactum, ff. de pactis, Don. Ioan. Andreas, in cap. 1. de rescript.* tire cette consequence, que l'appellation de l'vn des condamnez, doit surceoir l'execution de la sentence, *Cùm appellatio correi, aliorum non appellantium sit vera deffensio. In connexis, l. 2. Cod. si vnus ex pluribus appellauerit.* Aussi Papon tit. de appellations, *num. 38. &* 13. des procez criminels, marque les censures faites par les superieurs aux inferieux, pour auoir executé des Iugemens contre les non appellans, au prejudice de l'appel de l'vn des condamnez.

QVE

QVESTION CX.

Si en matiere criminelle, il y a partage.

SI en matiere ciuile, les Iuges se trouuent en diuersité d'opinions, les jugemens ne sont censez conclus & arrestez, sinon qu'ils passent de deux voix, autrement demeureront les procez partis, faudra juger le partage, & pour le departement, sera necessaire que semblablement il passe de deux voix ; par les Ordonnances de François I. de l'an 1535. chap.1. art.86. & d'Henry II. de l'an 1549.

Le Parlement de Tolose obseruoit mesme chose en matiere criminelle ; mais à raison des Lettres pattantes de Fevrier 1566. & aduis receu du

du priué Conseil du 13. Mars audit
an , il a suiuy l'obseruance des autres
Parlemens de France , portant qu'en
matiere criminelle il n'y a partage,
sed æquis sententiis mitiorem vincere, s'il
est question de punition corporelle,
ou de torture. Fult. *in prax.* asseure
que toutes les compagnies de Iustice
d'Italie l'obseruent de la sorte : *Talis*
est praxis, non solùm Senatus Mantuani,
sed & totius Italiæ, vt paribus senten-
tiis mitior sequatur.

Thuneau au chap. des Iugemens,
rapporte qu'vn Preuost des Marefchaux nommé Genil , pour auoir
fait juger vn partage en matiere criminelle ; les Iuges estans partis, les
vns opinans à la mort , les autres
à la torture , & le Iugement executé contre l'Accusé , fut priué par
Arrest du grand Conseil de sa charge, & condamné auec les gradués

R

opihans , en des grandes amandes,
deſpens, dommages, & intereſts. Les
Accuſés ſont bien mal-heureux, qui
tôbent entre les mains des Iuges, *qui*
imperitia , calore , iuuenili ætate , de ſum-
ma rerum iudicant , inquit Boſſ. conſil. 18.

QVESTION CXI.

Si pour incliner à l'opinion la plus
douce , il faut que les voix
ſoient égales.

L'Affirmatiue peut être fondée, ſur
ce que les aduis des opinans ſont
comptés, & n'excedans de quelques
voix, il n'y a égalité, le plus fort l'emporte. *Quiſque ſuum iudiciũ habuit: Ita-*
que numerandus eſt Senatus , & maioris
partis conſilio ſtandum eſt ; quòd maior
pars iudicat, id ius & ratum eſt. Boſſ. ex
Plinio, epiſt. 2.

L'obseruance en matiere criminelle est, qu'il y a partage, & faut
incliner à l'aduis le moins rigoureux, quoy que les voix ne soient
égalles, que le Criminel en ayt vne
de plus contre luy, la Roche Flauin
y est expres, liure 9. chap. 35. *quid iu-*
ris, s'il y a multiplicité d'opinions,
l'Autheur precité, respond que suiuant les Ordonnances Royaux, les
opinans sont obligez se reduire à
deux aduis, soit en matiere Ciuile
ou Criminelle. Folc. asseure que c'est
l'ordre d'opiner du Senat de Milan,
& qu'en France les Parlemens en
vsent de la sorte.

QVESTION CXII.

Si l'heritier eſt tenu dû delit du deffunt, auquel il a ſuccedé par teſtament, ou ab inteſtat.

QVoy que la mort deliure le Criminel de la peine corporelle, & qu'il ſoit prohibé, *vllo modo in eius cadauer ſæuire*, que ſon Heritier ne ſoit reſponſable de ſon crime, toutesfois le Droit Ciuil & Canon, ne le dechargent entierement.

Le Ciuil par les Conſtitutions des Empereurs Diocletian & Maximian *in l. vnic. Cod. de delict. defunct. in quant. hæred. conuen.* oblige les heritiers rendre à la partie inſtigante, *quantum*

quantum ad defunctum peruenit, ne rei
hæredes alieno scelere ditentur. Le Droit
Canon adjoufte qu'ils font tenus
ciuilement à l'intereft de l'offence,
tant que le bien du deffunct fe peut
eftendre. Cette difpofition Canonique tirée du Chapitre *in litteris de*
raptoribus. eft receuë en Cour Secu-
culiere, *Fab. in §. pœnales inftit. de per-*
pet. & temp. act. fes biens propres &
particuliers ne doiuent refpondre
du crime de fon Autheur, autrement il feroit puny pour la faute
d'autruy, contre la maxime, *noxa*
caput fequitur.

Le crime de leze Majefté eft fi
attroce & abominable, que le Droit
exerce des rigueurs contre les enfans de ceux qui en font conuaincus. Ils font infames, incapables
des fucceffions, & fujets aux peines
inferées *in l. quifquis, Cod. ad leg. Iul.*
majeft.

maieſt. ſint perpetuo egentes & paupe-
rés, infamia paterna eos ſemper comite-
tur ad nullos prorſus honores, ad nulla
ſacramenta perueniant : ſint poſtremò
tales vt his perpetua egeſtate ſordenti-
bus, ſit mors ſolatium & vita ſuppli-
cium.

F I N.

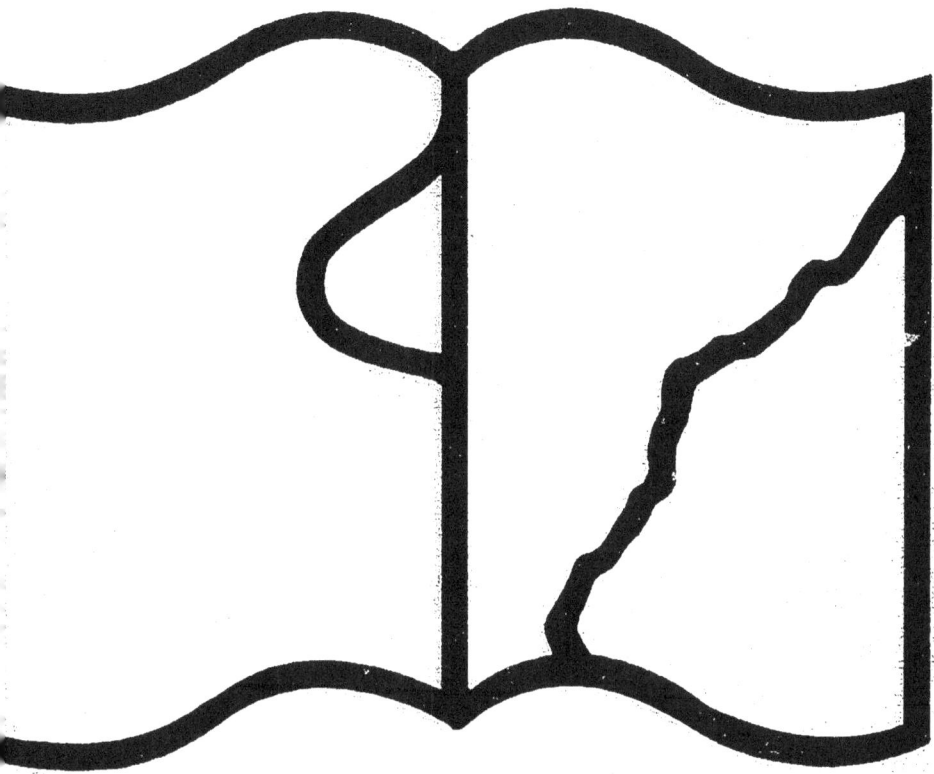

Texte détérioré — reliure défectueuse

NF Z 43-120-11

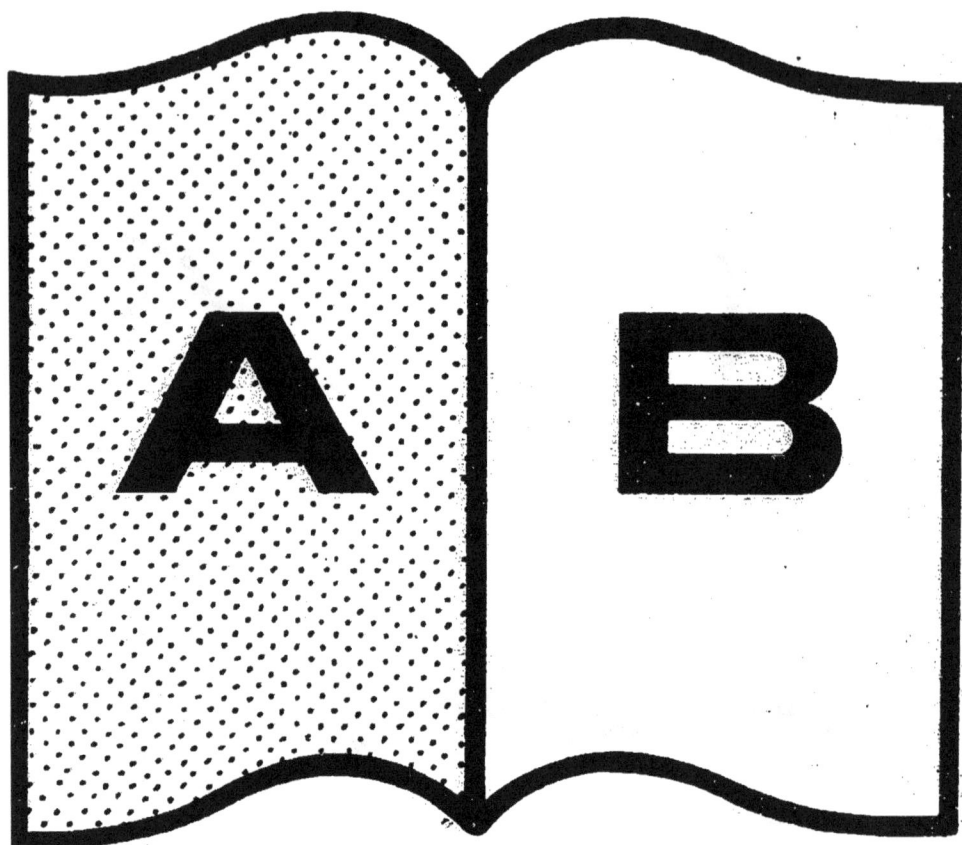

Contraste insuffisant

NF Z 43-120-14